Impressum
Verlag: BABADADA GmbH, Nedderfeld 112 , 22529 Hamburg
Geschäftsführer / Verlagsleitung: Harald Hof
Druck: Books on Demand GmbH, In de Tarpen 42, 22848 Norderstedt

Imprint
Publisher: BABADADA GmbH, Nedderfeld 112 , 22529 Hamburg, Germany
Managing Director / Publishing direction: Harald Hof
Print: Books on Demand GmbH, In de Tarpen 42, 22848 Norderstedt

colegio

xue xiao

aula
jiao shi
dividir
chu
186/2
pizarrón
hei ban
patio de escuela
xiao yuan
maestro
lao shi
papel
zhi
escribir
shu xie
birome
gang bi
escritorio
ban gong zhuo
regla
zhi chi
libro
shu
alumno
xue sheng

mochila

shu bao

caja de lápices

qian bi he

lápiz

qian bi

sacapuntas

juan bi dao

goma (de borrar)

xiang pi ca

bloc de dibujo

hua ban

dibujo

tu hua

pincel

hua bi

caja de pinturas

yan liao he

tijera

jian dao

pegamento

jiao shui

cuaderno de ejercicios

lian xi ce

tarea

jia ting zuo ye

número

shu zi

sumar

jia

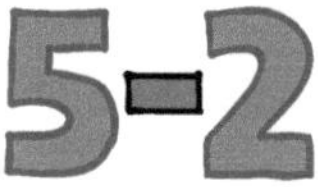

restar

jian

multiplicar

cheng

calcular

ji suan

letra

zi mu

abecedario

zi mu biao

palabra

zi

texto

ke wen

leer

du

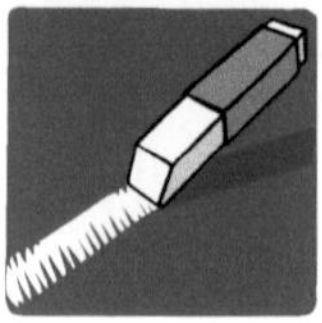

tiza

fen bi

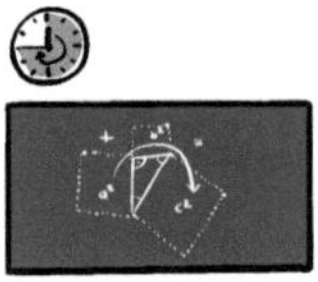

lección

shang ke

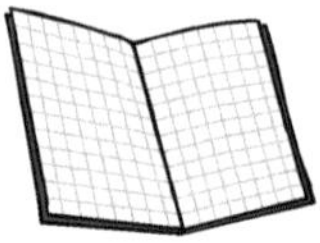

cuaderno de clase

deng ji

examen

kao shi

certificado

zheng shu

uniforme escolar

xiao fu

educación

jiao yu

enciclopedia

bai ke quan shu

universidad

da xue

microscopio

xian wei jing

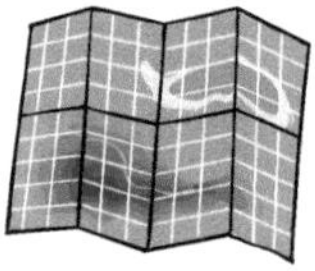

mapa

di tu

tacho (de basura)

fei zhi kuang

viaje

lü xing

hotel
jiu dian
Grand
hostel
qing nian lü xing she
EXCHANGE
casa de cambio
wai bi dui huan chu
valija
shou ti xiang
auto
qi che

idioma

yu yan

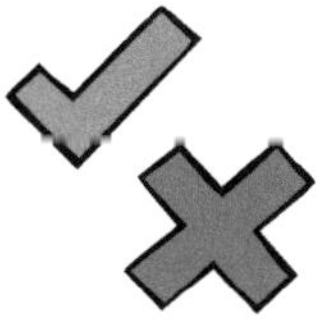

sí / no

shi/fou

Está bien

hao de

hola

nin hao

traductor

fan yi yuan

Gracias

xie xie

¿cuánto cuesta…?

……duo shao qian?

No entiendo

wo bu ming bai

problema

wen ti

¡Buenas tardes!

wan shang hao!

¡Buenos días!

zao shang hao!

¡Buenas noches!

wan an!

adiós

zai jian

dirección

fang xiang

equipaje

xing li

bolso

bao

mochila

shuang jian bao

invitado

ke ren

habitación

fang jian

bolsa de dormir

shui dai

carpa

zhang peng

información turística

lü you xin xi

playa

hai tan

tarjeta de crédito

xin yong ka

desayuno

zao can

almuerzo

wu can

cena

wan can

pasaje

piao

ascensor

dian ti

sello

you piao

frontera

bian jie

aduana

hai guan

embajada

da shi guan

visa

qian zheng

pasaporte

hu zhao

transporte

jiao tong yun shu

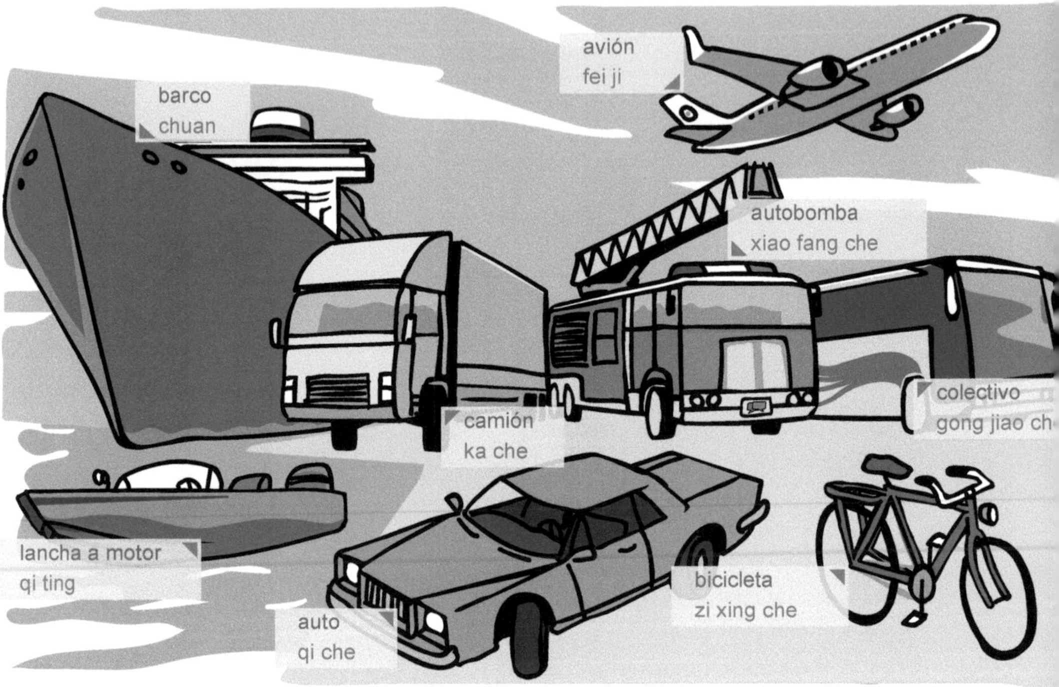

avión
fei ji
barco
chuan
autobomba
xiao fang che
colectivo
gong jiao ch
camión
ka che
lancha a motor
qi ting
bicicleta
zi xing che
auto
qi che

ferry

bai du chuan

bote

xiao chuan

moto

mo tuo che

patrullero

jing che

auto de carreras

sai che

auto de alquiler

zu che

alquiler de autos

pin che

grúa

tuo che

camión de basura

la ji che

motor

fa dong ji

nafta

qi you

estación de servicio

jia you zhan

señal de tránsito

jiao tong biao zhi

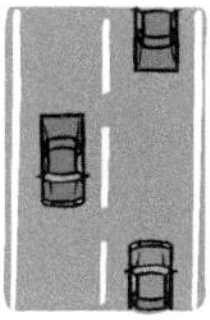

tránsito

jiao tong

embotellamiento

jiao tong du sai

estacionamiento

ting che chang

estación de tren

huo che zhan

vías

gui dao

tren

huo che

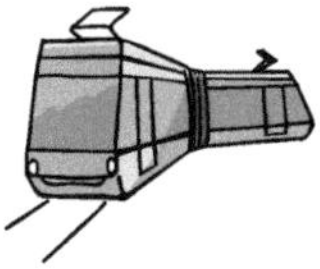

tranvía

dian che

vagón

huo che

helicóptero

zhi sheng ji

aeropuerto

ji chang

torre

ta

pasajero

cheng ke

contenedor

ji zhuang xiang

caja de cartón

zhi ban xiang

carretilla

shou tui che

canasta

lan zi

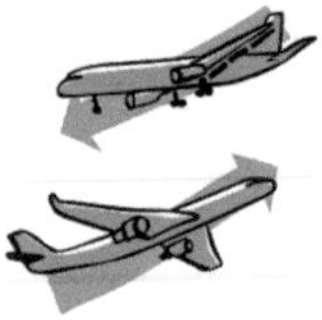

despegar / aterrizar

qi fei/jiang luo

ciudad

cheng shi

pueblo

cun zhuang

centro de ciudad

shi zhong xin

casa

fang zi

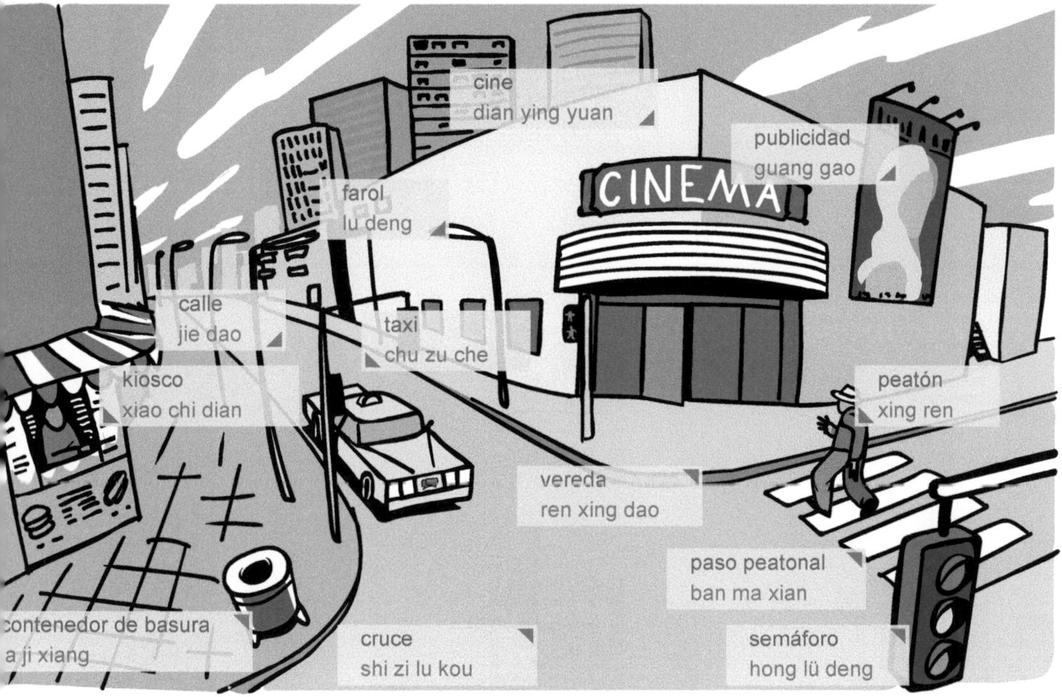
cine
dian ying yuan
publicidad
guang gao
CINEMA
farol
lu deng
calle
jie dao
taxi
chu zu che
kiosco
xiao chi dian
peatón
xing ren
vereda
ren xing dao
paso peatonal
ban ma xian
contenedor de basura
a ji xiang
cruce
shi zi lu kou
semáforo
hong lü deng

cabaña

xiao wu

departamento

gong yu

estación de tren

huo che zhan

municipalidad

shi zheng ting

MUSEUM

museo

bo wu guan

colegio

xue xiao

universidad

da xue

banco

yin hang

hospital

yi yuan

hotel

jiu dian

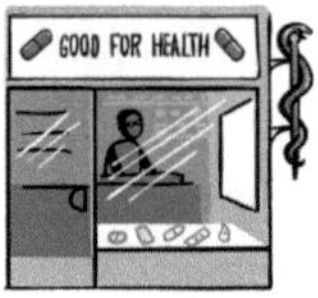

farmacia

yao fang

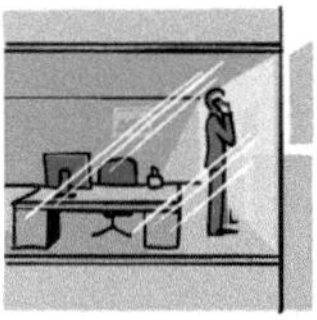

oficina

ban gong shi

librería

shu dian

negocio

shang dian

florería

hua dian

supermercado

chao shi

mercado

shi chang

grandes tiendas

bai huo shang dian

pescadería

yu dian

centro comercial

gou wu zhong xin

puerto

hai gang

parque

gong yuan

banco

chang deng

puente

qiao

escaleras

lou ti

subte

di tie

túnel

sui dao

parada del colectivo

gong jiao che zhan

bar

jiu ba

restaurante

can guan

buzón

you tong

letrero

lu biao

parquímetro

ting che ji shi qi

zoológico

dong wu yuan

pileta

you yong guan

mezquita

qing zhen si

granja

nong chang

contaminación

wu ran

cementerio

mu di

iglesia

jiao tang

juegos infantiles

cao chang

templo

si miao

paisaje

di xing

hoja
shu ye
poste indicador
zhi shi pai
camino
lu
pradera
cao di
piedra
shi tou
excursionista
tu bu lü xing zhe
árbol
shu
río
he
hierba
cao
flor
hua

valle

xia gu

montaña

shan

lago

hu

bosque

sen lin

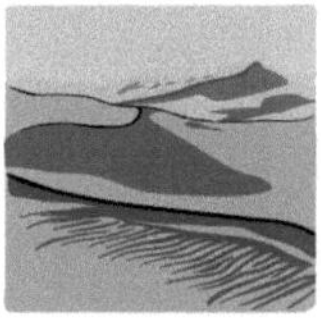

desierto

sha mo

volcán

huo shan

castillo

cheng bao

arco iris

cai hong

champiñón

mo gu

palmera

zong lü shu

mosquito

wen zi

mosca

cang ying

hormiga

ma yi

abeja

mi feng

araña

zhi zhu

escarabajo

jia chong

rana

qing wa

ardilla

song shu

erizo

ci wei

liebre

ye tu

lechuza

mao tou ying

pájaro

niao

cisne

tian e

jabalí

ye zhu

ciervo

lu

alce

mi lu

presa

shui ba

aerogenerador

feng li fa dian ji

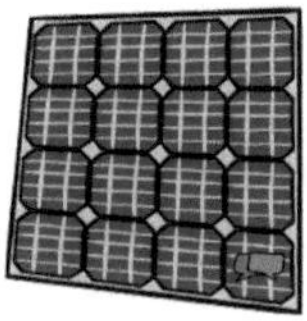
panel solar

tai yang neng dian chi ban

clima

qi hou

mozo
fu wu yuan
menú
cai dan
silla
yi zi
sopa
tang
pizza
pi sa bing
mantel
zhuo bu
cubiertos
can ju

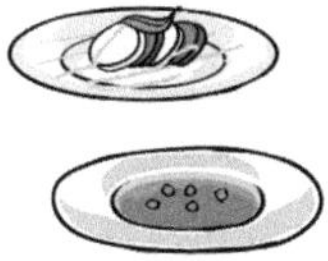

entrada

qian cai

plato principal

zhu cai

postre

tian dian

bebidas

yin liao

comida

shi wu

botella

ping zi

comida rápida

kuai can

comida callejera

jie bian xiao chi

tetera

cha hu

azucarera

tang he

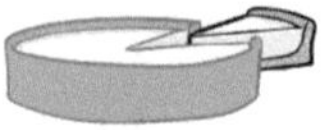

porción

yi fen fan cai

cafetera expreso

yi shi ka fei ji

sillita alta

gao jiao yi

cuenta

zhang dan

bandeja

tuo pan

cuchillo

dao

tenedor

can cha

cuchara

shao zi

cucharita

cha chi

servilleta

can jin

vaso

bo li bei

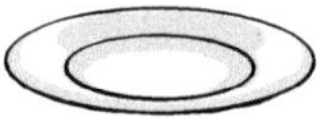

plato

die zi

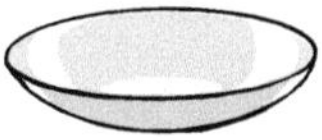

plato hondo

tang pan

plato

die zi

salsa

jiang

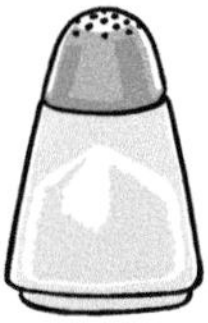

salero

yan ping

molinillo de pimienta

hu jiao mo

vinagre

cu

aceite

shi yong you

especias

tiao wei liao

kétchup

fan qie jiang

mostaza

jie mo

mayonesa

dan huang jiang

supermercado

chao shi

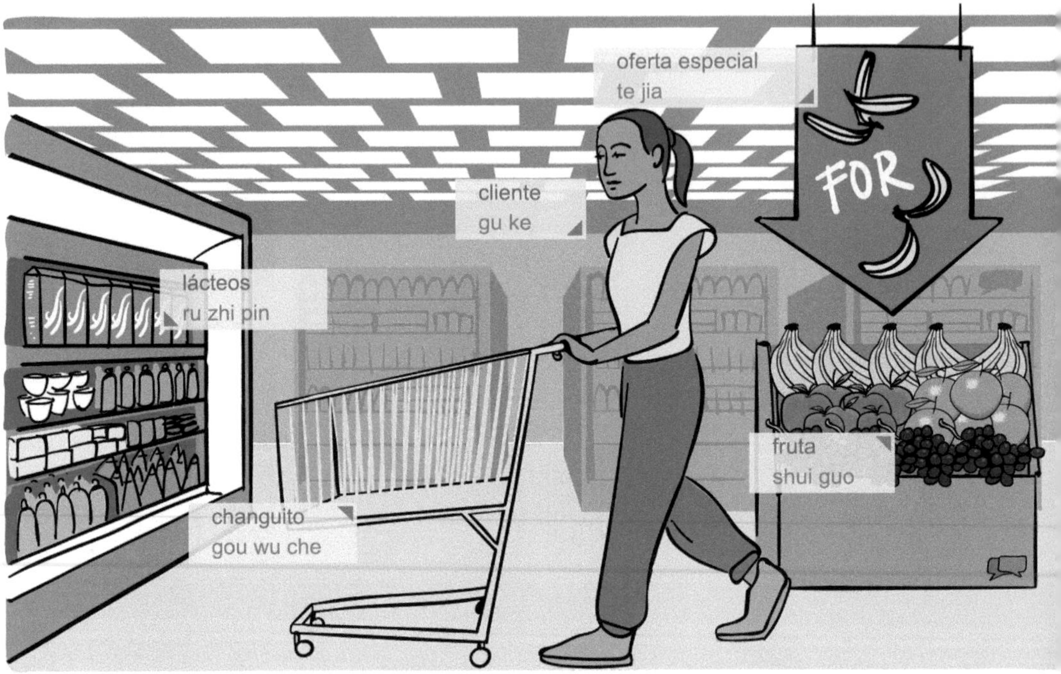
oferta especial
te jia
FOR
cliente
gu ke
lácteos
ru zhi pin
fruta
shui guo
changuito
gou wu che

BUTCHERS

carnicería

rou pu

BAKERY

panadería

mian bao fang

pesar

cheng zhong

verduras

shu cai

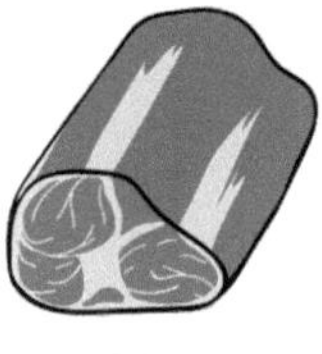

carne

rou

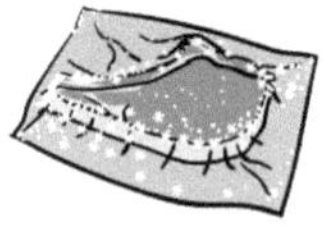

alimentos congelados

leng dong shi pin

fiambres

leng pan

alimentos enlatados

guan tou shi pin

detergente en polvo

xi yi fen

golosinas

tian shi

electrodomésticos

ri yong pin

productos de limpieza

qing jie yong pin

vendedora

xiao shou yuan

caja

shou yin ji

cajero

shou yin yuan

lista de compras

gou wu qing dan

horario de atención

kai fang shi jian

billetera

qian bao

tarjeta de crédito

xin yong ka

cartera

dai zi

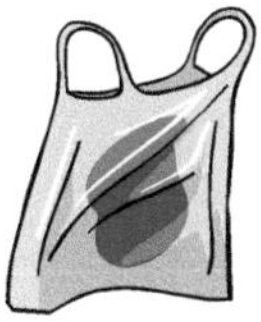

bolsa de plástico

su liao dai

bebidas
yin liao

agua

shui

jugo

guo zhi

leche

niu nai

bebida cola

ke le

vino

hong jiu

cerveza

pi jiu

alcohol

jiu

cacao

ke ke

té

cha

café

ka fei

café expreso

yi shi nong suo ka fei

cappuccino

ka bu qi nuo

comida
shi wu

banana

xiang jiao

manzana

ping guo

naranja

cheng zi

melón

xi gua

limón

ning meng

zanahoria

hu luo bo

ajo

da suan

bambú

zhu zi

cebolla

yang cong

champiñón

mo gu

nueces

jian guo

fideos

mian tiao

tallarines

yi da li mian tiao

arroz

mi fan

ensalada

sha la

papas fritas

shu tiao

papas fritas

zha tu dou

pizza

pi sa bing

hamburguesa

han bao bao

sándwich

san ming zhi

churrasco

zha zhu pai

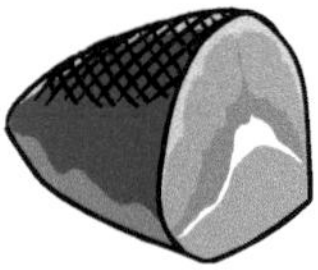

jamón

huo tui

salame

sa la mi

salchicha

xiang chang

pollo

ji rou

asado

kao rou

pescado

yu

copos de avena

yan mai pian

muesli

mu zi li

copos de maíz

yu mi pian

harina

mian fen

medialuna

yang jiao mian bao

pancito

mian bao juan

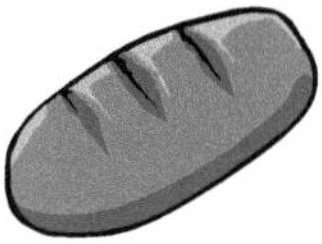

pan

mian bao

tostada

kao mian bao

galletitas

bing gan

manteca

huang you

cuajada

ning ru

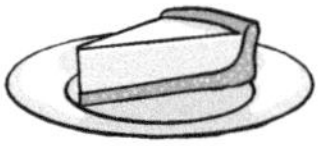

torta

dan gao

huevo

dan

huevo frito

jian dan

queso

nai lao

helado

bing ji lin

azúcar

tang

miel

feng mi

mermelada

guo jiang

pasta de chocolate

qiao ke li jiang

curry

ga li fan

granja
nong chang

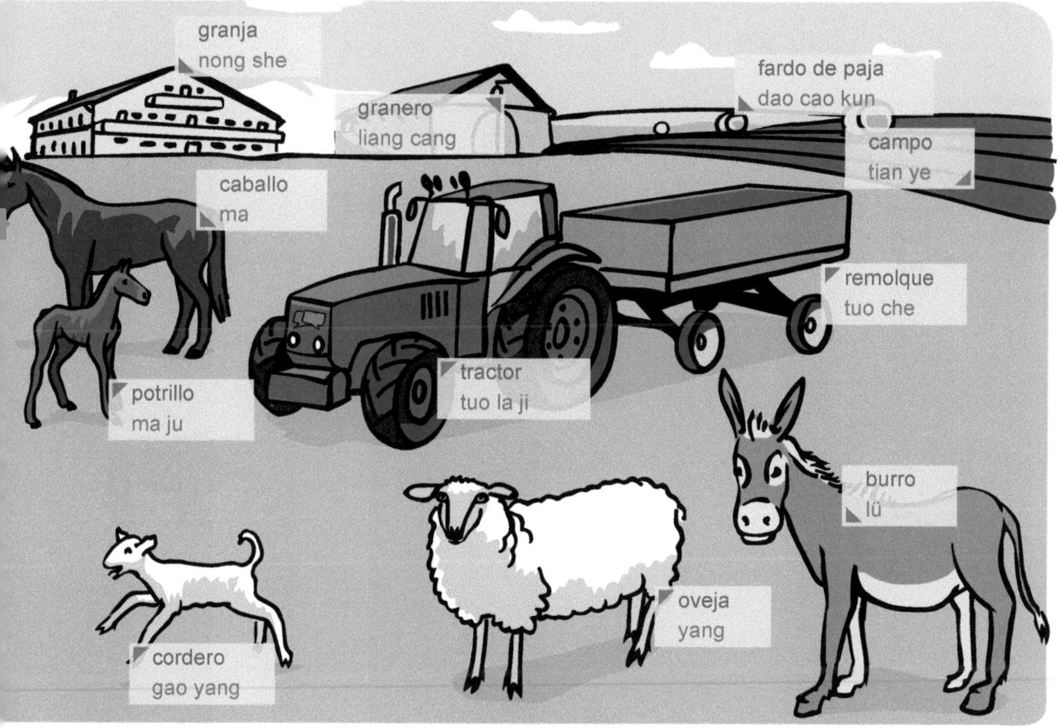
granja
nong she
granero
liang cang
fardo de paja
dao cao kun
campo
tian ye
caballo
ma
remolque
tuo che
tractor
tuo la ji
potrillo
ma ju
burro
lü
oveja
yang
cordero
gao yang

cabra

shan yang

vaca

nai niu

ternero

niu du

cerdo

zhu

lechón

xiao zhu

toro

gong niu

ganso
e

pato
ya

pollo
xiao ji

gallina
mu ji

gallo
gong ji

rata
shu

gato
mao

ratón
lao shu

buey
niu

perro
gou

cucha
gou wu

manguera
hua yuan jiao shui ruan guan

regadera
sa shui hu

guadaña
chang bing da lian dao

arado
li

hoz

lian dao

azada

chu tou

horquilla

chang bing cao pa

hacha

fu tou

carretilla

du lun shou tui che

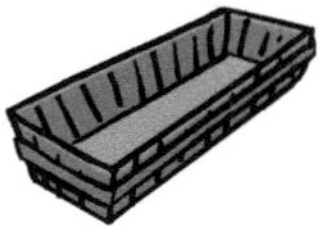

abrevadero

si liao cao

lechera

niu nai guan

bolsa

ma bu dai

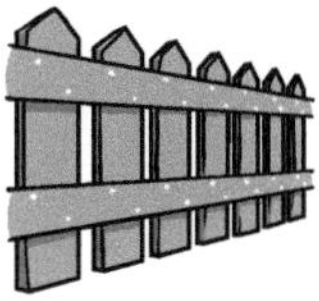

reja

zha lan

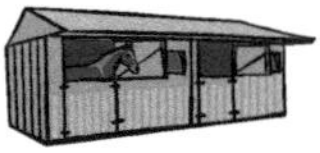

establo

ma jiu

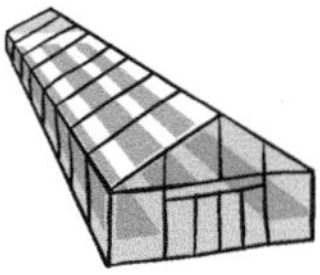

invernadero

wen shi

suelo

tu rang

semilla

zhong zi

fertilizador

fei liao

cosechadora

lian he shou ge ji

cosechar

shou ge

cosecha

shou ge

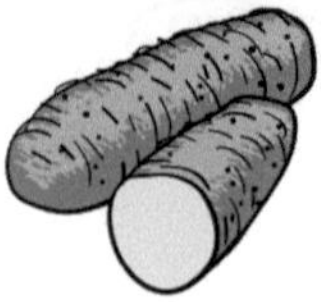

batatas

shan yao

trigo

xiao mai

soja

da dou

papa

tu dou

maíz

yu mi

semilla de colza

you cai zi

árbol frutal

guo shu

mandioca

shu shu

cereales

gu wu

casa

fang zi

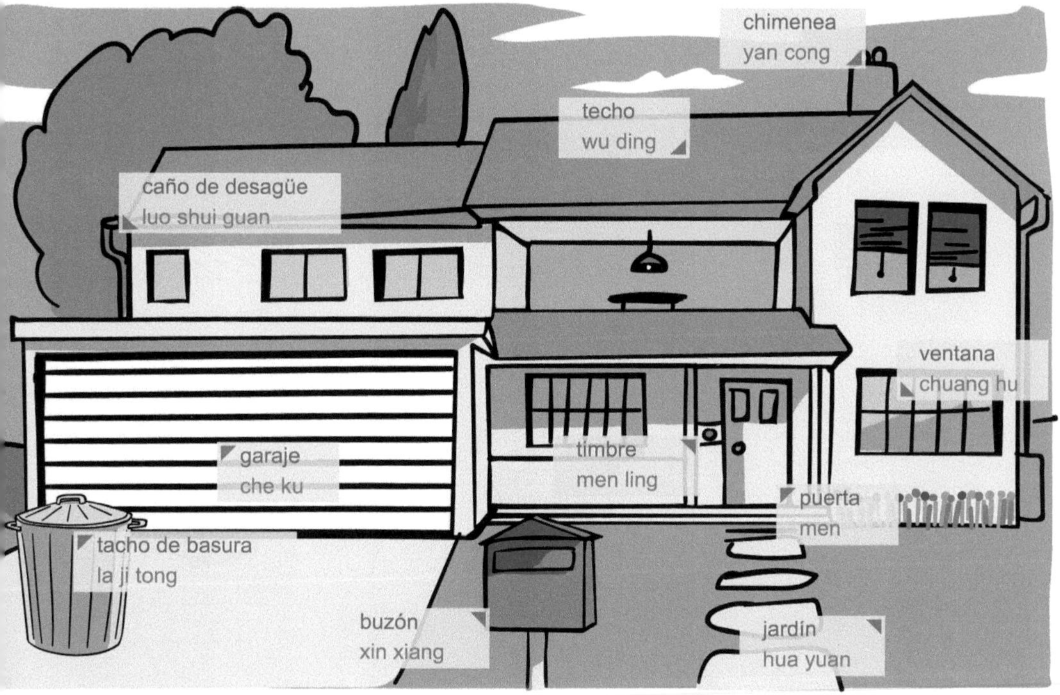
chimenea
yan cong
techo
wu ding
caño de desagüe
luo shui guan
ventana
chuang hu
garaje
che ku
timbre
men ling
puerta
men
tacho de basura
la ji tong
buzón
xin xiang
jardín
hua yuan

living

ke ting

baño

yu shi

cocina

chu fang

dormitorio

wo shi

cuarto de los chicos

er tong fang

comedor

can ting

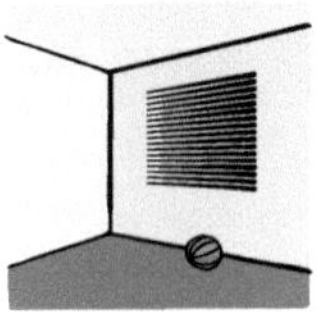

piso

di ban

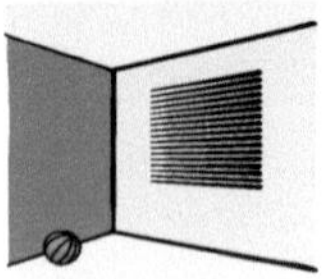

pared

qiang bi

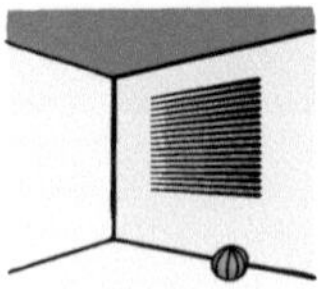

cielorraso

diao ding

sótano

di jiao

sauna

sang na

balcón

yang tai

terraza

lu tai

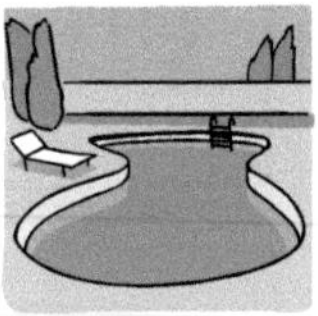

pileta

you yong chi

cortadora de pasto

ge cao ji

sábana

bei dan

acolchado

chuang zhao

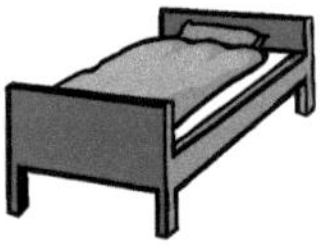

cama

chuang

escoba

sao zhou

balde

shui tong

interruptor

kai guan

living
ke ting

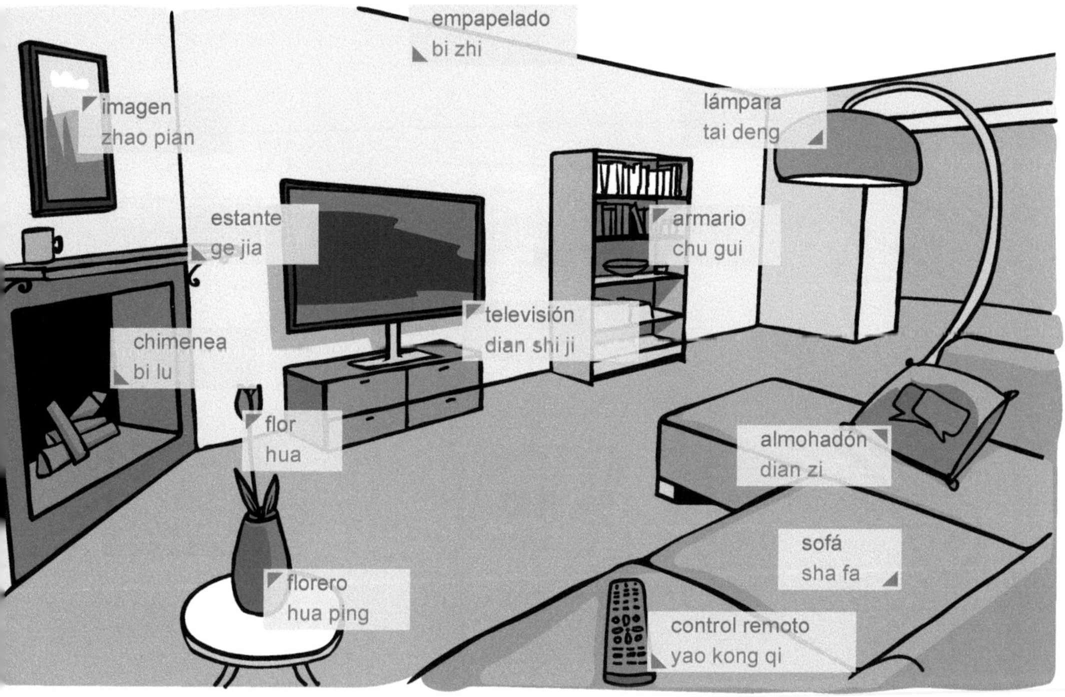
empapelado
bi zhi
imagen
zhao pian
lámpara
tai deng
estante
ge jia
armario
chu gui
televisión
dian shi ji
chimenea
bi lu
flor
hua
almohadón
dian zi
sofá
sha fa
florero
hua ping
control remoto
yao kong qi

alfombra

di tan

cortina

chuang lian

mesa

can zhuo

silla

yi zi

mecedora

yao yi

sillón

fu shou yi

libro

shu

frazada

tan zi

decoración

zhuang shi pin

leña

mu chai

película

dian ying

equipo de música

gao bao zhen yin xiang

llave

yao shi

diario

bao zhi

pintura

you hua

póster

hai bao

radio

shou yin ji

cuaderno

bi ji ben

aspiradora

xi chen qi

cactus

xian ren zhang

vela

la zhu

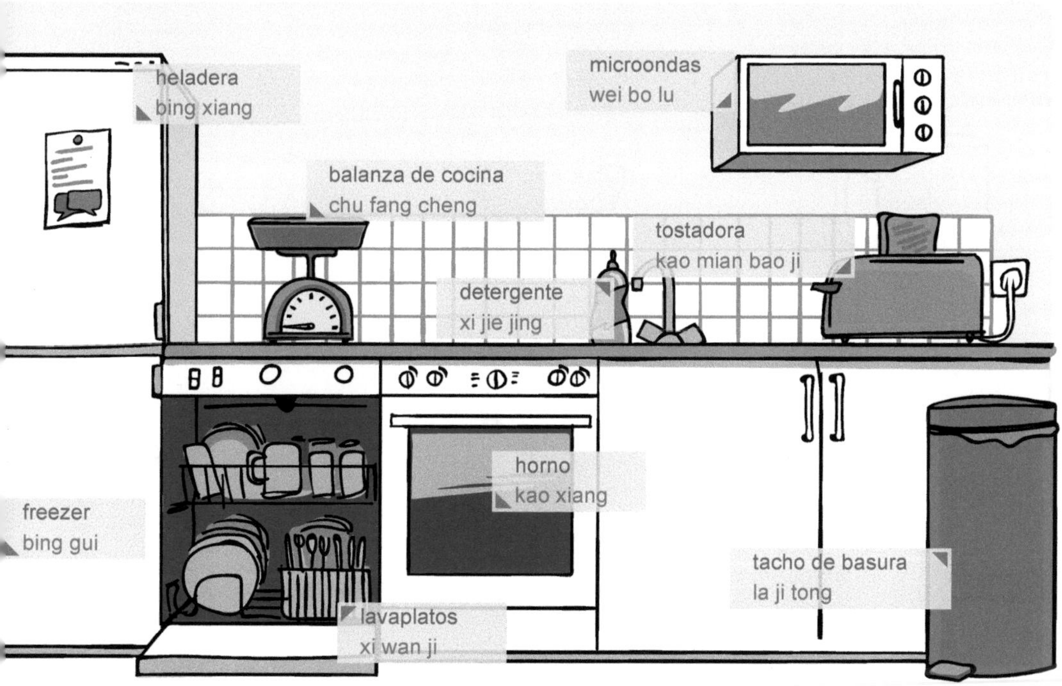
heladera
bing xiang
microondas
wei bo lu
balanza de cocina
chu fang cheng
tostadora
kao mian bao ji
detergente
xi jie jing
horno
kao xiang
freezer
bing gui
tacho de basura
la ji tong
lavaplatos
xi wan ji

cocina
chui ju

olla
guo

olla de hierro fundido
zhu tie guo

wok
sha guo

sartén
ping di guo

pava
shui hu

vaporera

zheng guo

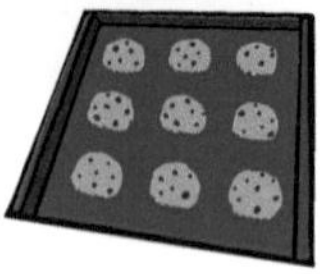

bandeja de horno

kao pan

vajilla

tao ci guo

taza

ma ke bei

bol

wan

palitos

kuai zi

cucharón

chang bing shao

estpátula

chan zi

batidora

jiao ban qi

colador

lü wang

colador

shai zi

rallador

mo sui ji

mortero

yan bo

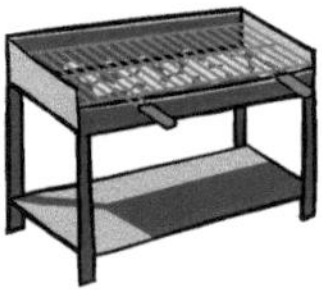

parrilla

shao kao

fogata

ming huo

tabla de picar

cai ban

palo de amasar

gan mian zhang

sacacorchos

kai ping qi

lata

guan zi

abrelatas

kai ping qi

manopla

ge re shou tao

pileta

shui cao

cepillo

shua zi

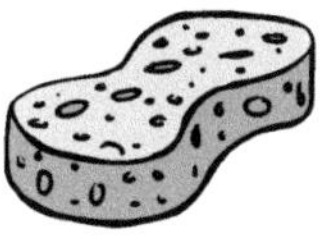

esponja

hai mian

batidora

jiao ban ji

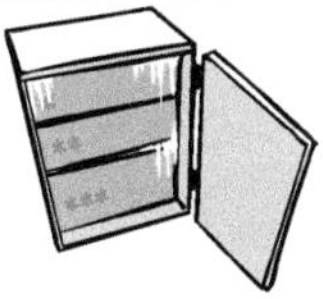

congelador

leng cang xiang

mamadera

nai ping

canilla

shui long tou

baño

yu shi

calefacción
gong nuan she bei
ducha
lin yu
toalla
mao jin
cortina de ducha
yu lian
baño de espuma
pao mo yu
bañadera
yu gang
vaso
bo li bei
lavarropas
xi yi ji
canilla
shui long tou
baldosas
ci zhuan
pelela
bian hu
pileta
shui cao

inodoro

ce suo

letrina

dun bian qi

bidé

zuo yu qi

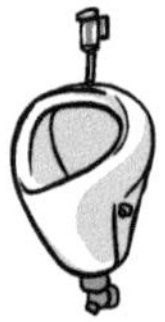

mingitorio

xiao bian chi

papel higiénico

ce zhi

cepillo para el inodoro

ma tong shua

cepillo de dientes

ya shua

dentífrico

ya gao

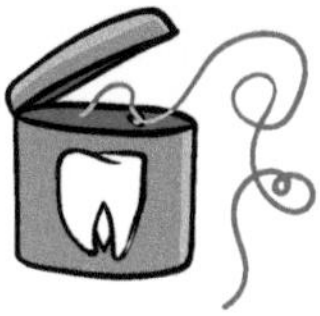

hilo dental

ya xian

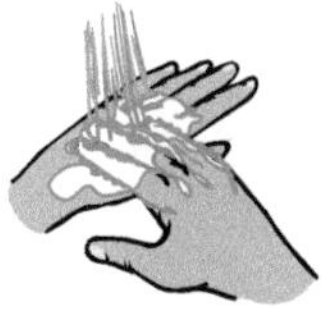

lavar

xi

ducha de mano

shou chi shi pen lin tou

ducha higiénica

chong xi qi

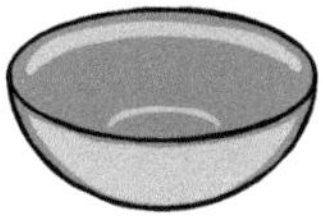

palangana

xi lian pen

cepillo para espalda

ca bei shua

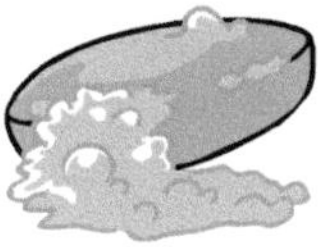

jabón

fei zao

gel de ducha

mu yu lu

shampoo

xi fa shui

toallita

fa lan rong

desagüe

pai shui

crema

ru shuang

desodorante

chu chou ji

espejo

jing zi

espejito

shou jing

maquinita de afeitar

ti xu dao

espuma de afeitar

ti xu pao mo

aftershave

xu hou shui

peine

shu zi

cepillo

shua zi

secador de pelo

chui feng ji

spray

pen fa ding xing ji

maquillaje

hua zhuang pin

lápiz de labios

chun gao

esmalte para uñas

zhi jia you

algodón

hua zhuang mian

tijera para uñas

zhi jia jian

perfume

xiang shui

portacosméticos

xi shu bao

banqueta

deng zi

balanza

ji zhong cheng

bata

yu pao

guantes de goma

xiang jiao shou tao

tampón

wei sheng mian tiao

toallita femenina

wei sheng jin

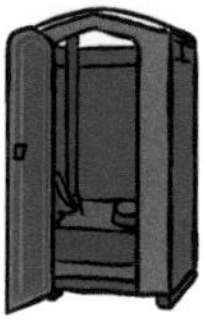

baño químico

hua xue ce suo

cuarto de los chicos
er tong fang

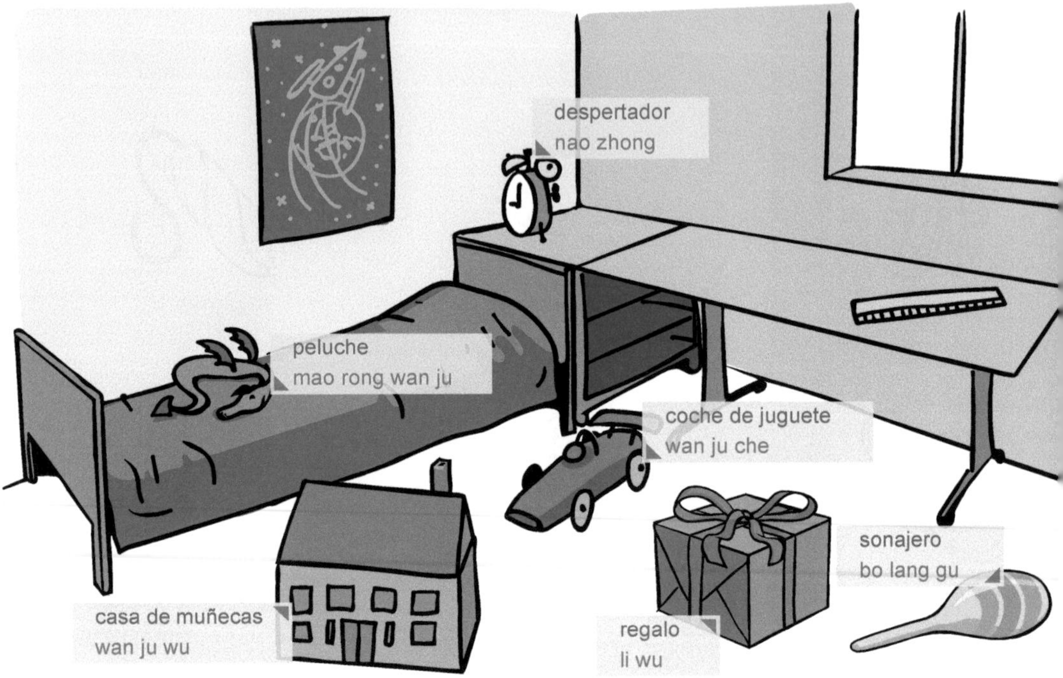

despertador
nao zhong
peluche
mao rong wan ju
coche de juguete
wan ju che
sonajero
bo lang gu
casa de muñecas
wan ju wu
regalo
li wu

globo

qi qiu

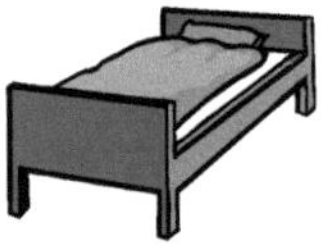

cama

chuang

cochecito

(yang wa wa yong)ying er che

cartas

pu ke pai

rompecabezas

pin tu

SUPER
MEGA

historieta

man hua

piezas de lego

le gao ji mu

ladrillos de juguete

ji mu wan ju

figura de acción

wan ju ren

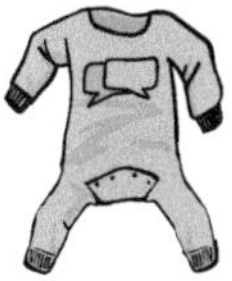

enterito (de bebé)

ying er fu

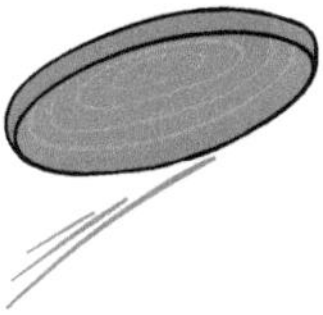

frisbee

fei pan

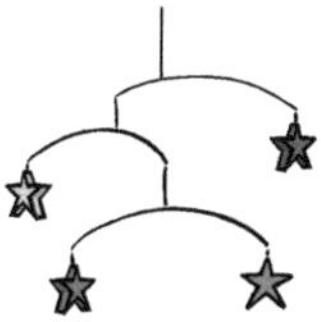

móvil para bebés

chuang ling wan ju

juego de mesa

qi pan you xi

dados

shai zi

tren eléctrico

huo che mo xing

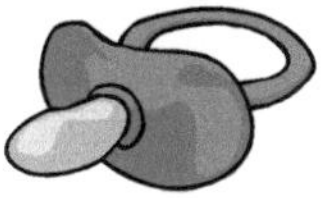

chupete

an fu nai zui

fiesta

ju hui

libro de cuentos ilustrado

hui ben

pelota

qiu

muñeca

yang wa wa

jugar

wan

arenero

sha keng

hamaca

qiu qian

juguetes

wan ju

consola de videojuegos

you xi ji

triciclo

san lun che

osito de peluche

tai di xiong

armario

yi chu

ropa
yi fu

medias

wa zi

medias panty

chang wa

calzas

jin shen ku

bufanda
wei jin

paraguas
yu san

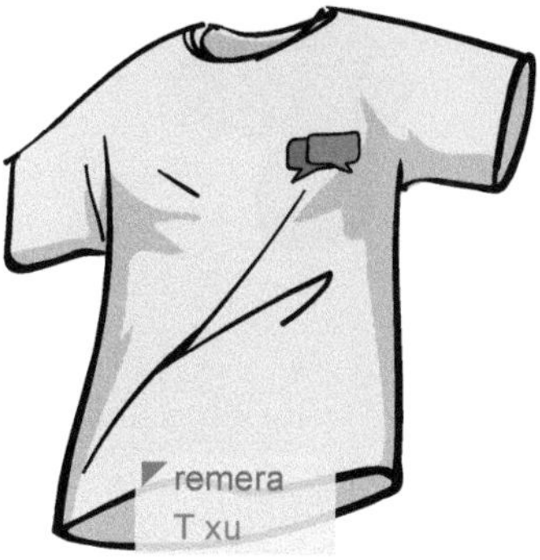
remera
T xu

cinturón
pi dai

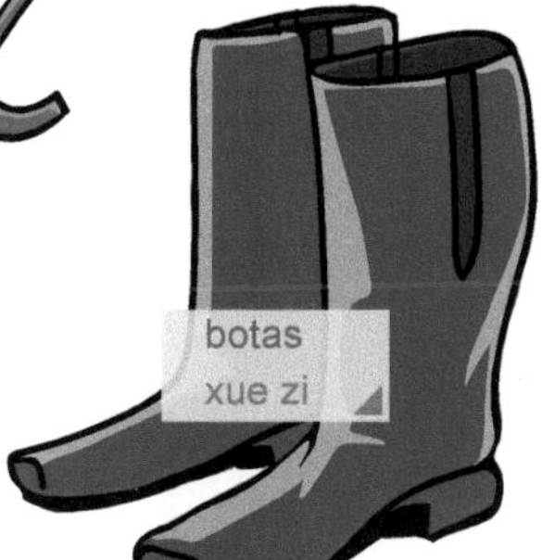
botas
xue zi

zapatillas
yun dong xie

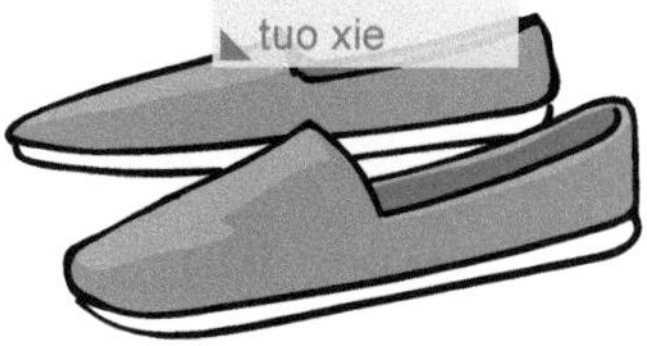
pantuflas
tuo xie

sandalias

liang xie

zapatos

xie

botas de goma

yu xue

ropa interior

nei ku

corpiño

xiong zhao

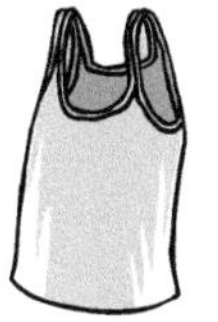

chaleco

bei xin

body

shen ti

pantalones

ku zi

jeans

niu zai ku

pollera

duan qun

blusa

nü shi chen shan

camisa

chen shan

pulóver

tao tou shan

buzo

wei yi

blazer

xi zhuang jia ke

campera

jia ke

tapado

wai tao

piloto

yu yi

traje

tao zhuang

vestido

lian yi qun

vestido de novia

hun sha

traje

xi zhuang

camisón

shui pao

pijama

shui yi

sari

sha li

pañuelo para cabeza

tou jin

turbante

bao tou jin

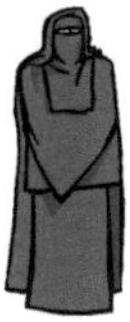

burka

bo ka

caftán

ka fu tan

abaya

(a la bo shi)chang pao

traje de baño

yong yi

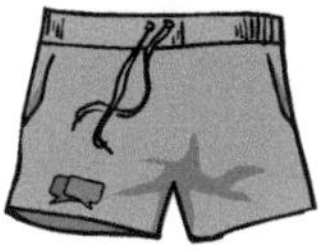

short de baño

nan shi yong ku

shorts

duan ku

jogging

yun dong fu

delantal

wei qun

guantes

shou tao

botón

niu kou

anteojos

yan jing

pulsera

shou lian

collar

xiang lian

anillo

jie zhi

aro

er huan

gorra

bian mao

percha

yi jia

sombrero

mao zi

corbata

ling dai

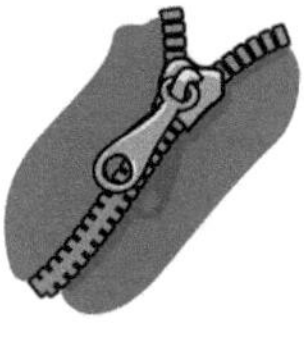

cierre

la lian

casco

tou kui

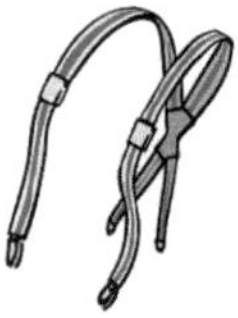

tiradores

bei dai

uniforme escolar

xiao fu

uniforme

zhi fu

babero

wei dou

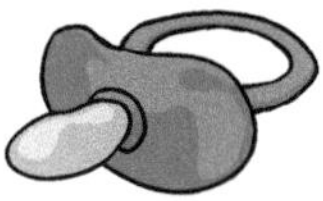

chupete

an fu nai zui

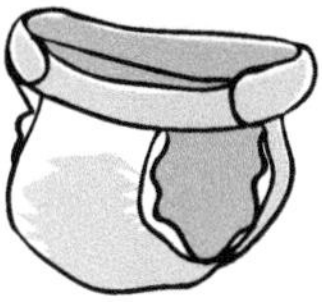

pañal

niao bu shi

oficina

ban gong shi

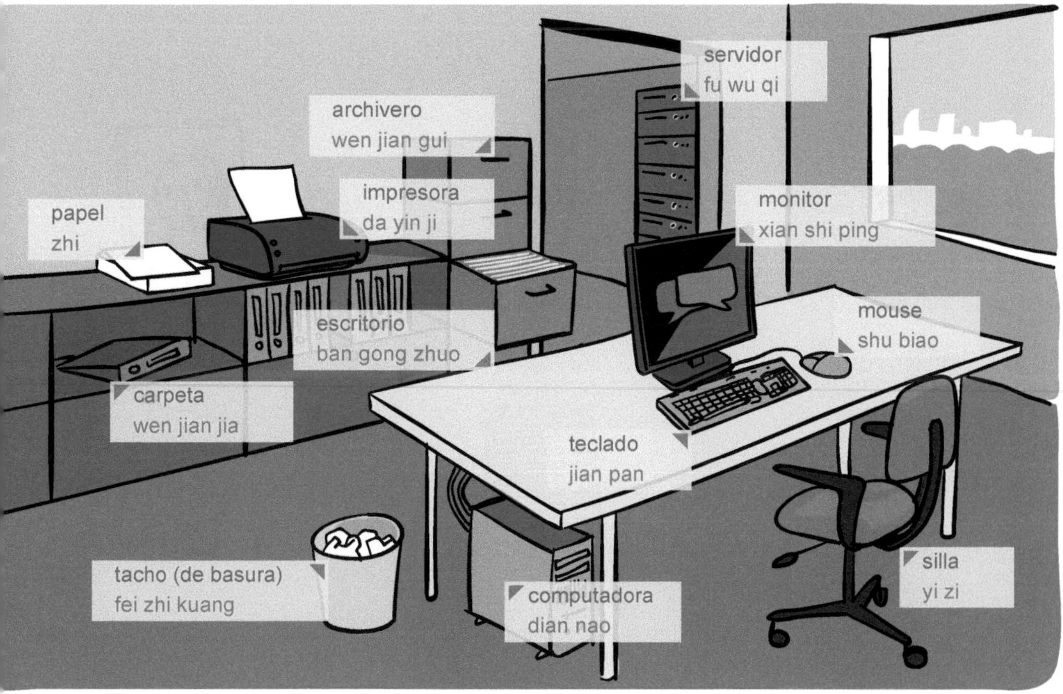
servidor
fu wu qi
archivero
wen jian gui
impresora
da yin ji
papel
zhi
monitor
xian shi ping
mouse
shu biao
escritorio
ban gong zhuo
carpeta
wen jian jia
teclado
jian pan
tacho (de basura)
fei zhi kuang
computadora
dian nao
silla
yi zi

taza de café

ka fei bei

calculadora

ji suan qi

internet

yin te wang

laptop

bi ji ben dian nao

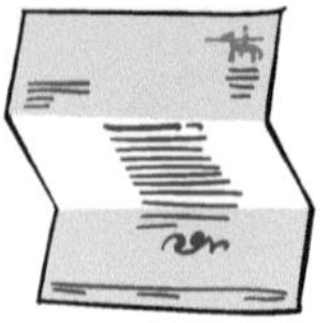

carta

xin jian

mensaje

xiao xi

celular

shou ji

red

wang luo

fotocopiadora

fu yin ji

software

ruan jian

teléfono

dian hua

tomacorriente

cha zuo

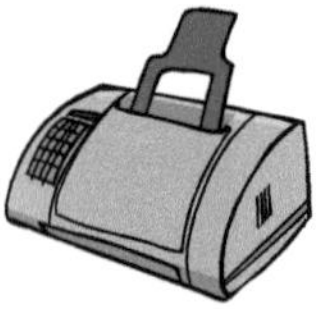

fax

chuan zhen ji

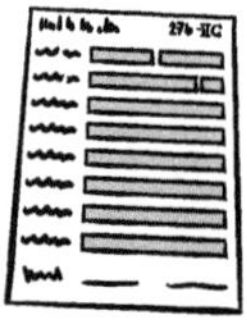

formulario

biao ge

documento

wen jian

economía
jing ji

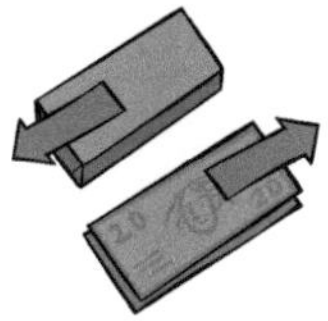

comprar

mai

pagar

fu qian

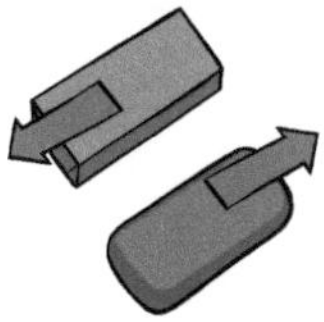

hacer negocios

jiao yi

dinero

xian jin

dólar

mei yuan

euro

ou yuan

yen

ri yuan

rublo

lu bu

franco suizo

rui shi fa lang

yuan

ren min bi

rupia

lu bi

cajero automático

ti kuan chu

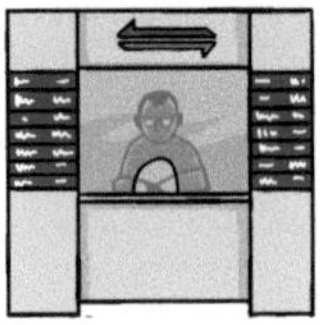

casa de cambio

wai bi dui huan chu

oro

jin

plata

yin

petróleo

shi you

energía

neng yuan

precio

jia ge

contrato

he tong

impuesto

shui jin

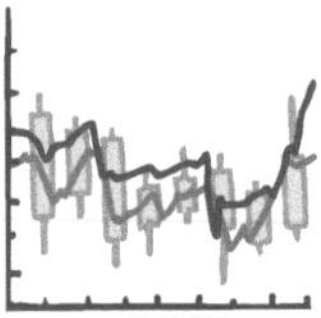

acción

gu piao

trabajar

gong zuo

empleado

zhi yuan

empleador

lao ban

fábrica

gong chang

negocio

shang dian

policía
jing guan
bombero
xiao fang yuan
cocinero
chu shi
médico
yi sheng
piloto
fei xing yuan

jardinero

yuan ding

carpintero

mu jiang

modista

cai feng

juez

fa guan

farmacéutico

hua xue jia

actor

yan yuan

colectivero

gong jiao che si ji

taxista

chu zu che si ji

pescador

yu fu

mucama

qing jie nü gong

techista

wu ding gong

mozo

fu wu yuan

cazador

lie ren

pintor

hua jia

panadero

mian bao shi

electricista

dian gong

albañil

jian zhu gong ren

ingeniero

gong cheng shi

carnicero

tu fu

plomero

shui guan gong

cartero

you di yuan

soldado

shi bing

arquitecto

jian zhu shi

cajero

shou yin yuan

florista

hua nong

peluquero

li fa shi

cobrador

shou piao yuan

mecánico

ji xie shi

capitán

chuan zhang

dentista

ya yi

científico

ke xue jia

rabino

la bi

imán

yi ma mu

monje

he shang

sacerdote

mu shi

herramientas
gong ju

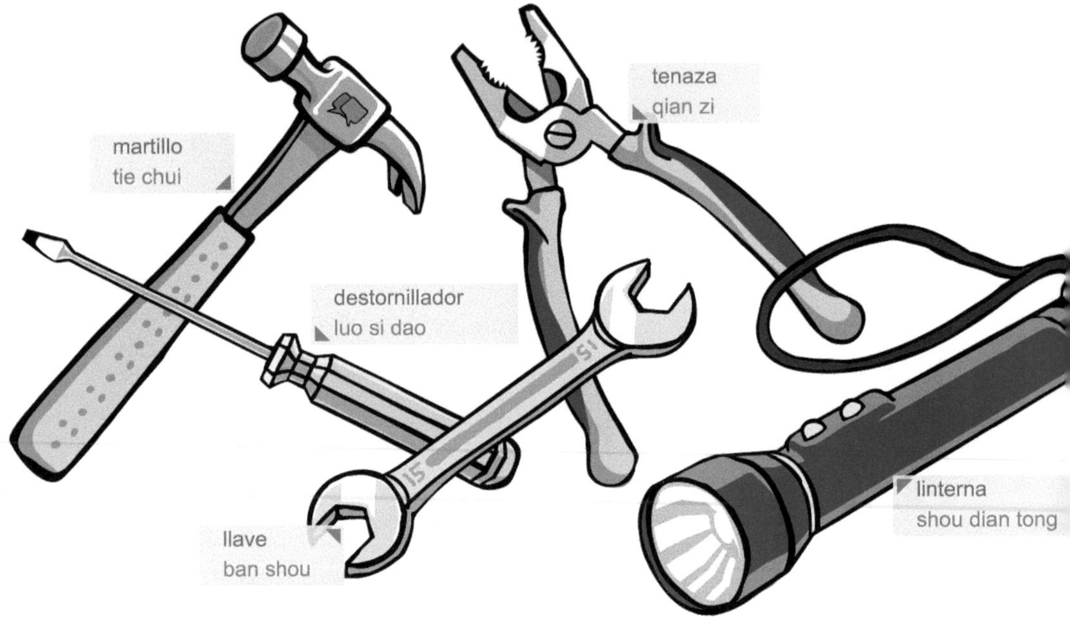

martillo
tie chui
tenaza
qian zi
destornillador
luo si dao
llave
ban shou
linterna
shou dian tong

excavadora

wa jue ji

caja de herramientas

gong ju xiang

escalera portátil

ti zi

sierra

ju zi

clavos

ding zi

taladro

zuan ji

arreglar

xiu

pala de jardín

chan zi

¡Qué bronca!

kao!

pala de plástico

bo ji

tacho de pintura

you qi tong

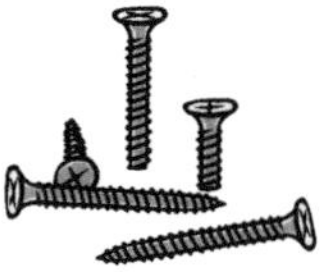

tornillos

luo si

instrumentos musicales

yue qi

parlante
yang sheng qi
batería
da ji yue qi
guitarra
ji ta
contrabajo
di yin ti qin
trompeta
xiao hao

piano

gang qin

violín

xiao ti qin

bajo

bei si

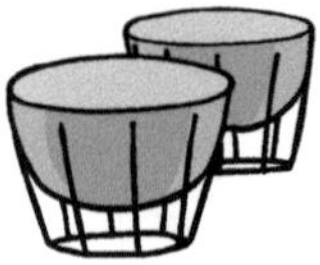

timbales

ding yin gu

tambor

gu

teclado

dian zi qin

saxofón

sa ke si guan

flauta

chang di

micrófono

mai ke feng

zoológico
dong wu yuan

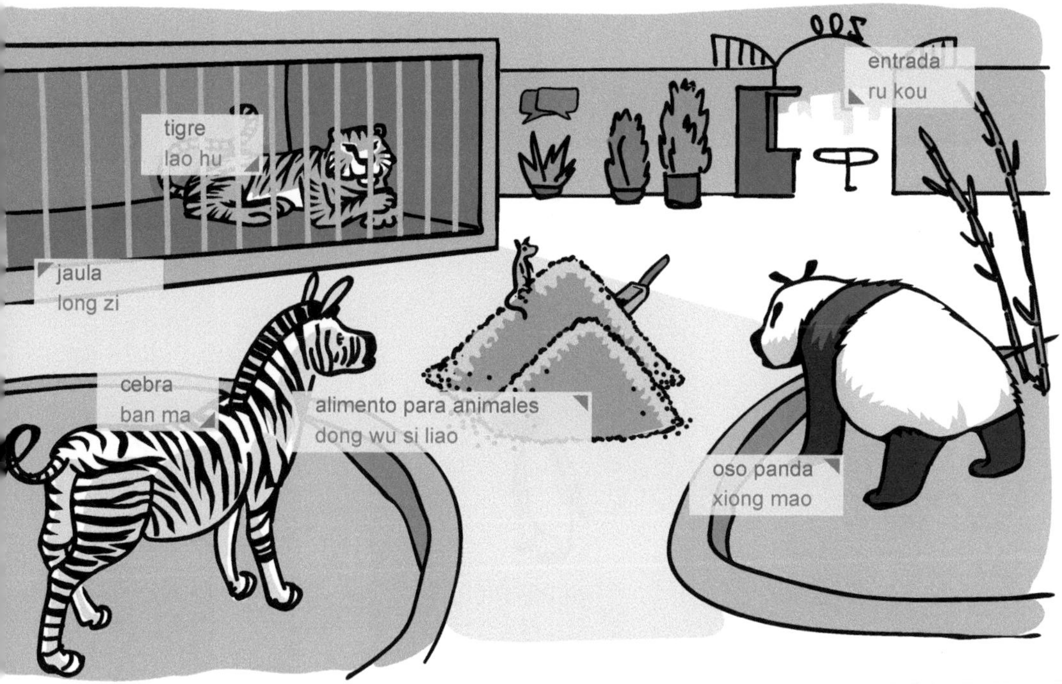
tigre
lao hu
entrada
ru kou
jaula
long zi
cebra
ban ma
alimento para animales
dong wu si liao
oso panda
xiong mao

animales

dong wu

elefante

da xiang

canguro

dai shu

rinoceronte

xi niu

gorila

da xing xing

oso

xiong

camello

luo tuo

avestruz

tuo niao

león

shi zi

mono

hou zi

flamenco

huo lie niao

loro

ying wu

oso polar

bei ji xiong

pingüino

qi e

tiburón

sha yu

pavo real

kong que

serpiente

she

cocodrilo

e yu

cuidador del zoológico

dong wu yuan guan li yuan

foca

hai bao

jaguar

mei zhou bao

poni

ai zhong ma

leopardo

bao

hipopótamo

he ma

jirafa

chang jing lu

águila

lao ying

jabalí

ye zhu

pescado

yu

tortuga

gui

morsa

hai xiang

zorro

hu li

gacela

ling yang

deportes
ti yu

fútbol americano
gan lan qiu
ciclismo
qi zi xing che
tenis
wang qiu
básquet
lan qiu
natación
you yong
hockey sobre hielo
bing qiu
boxeo
quan ji

fútbol
ying shi zu qiu

bádminton
yu mao qiu

atletismo
tian jing

handball
shou qiu

esquí
hua xue

polo
ma qiu

actividades
huo dong

saltar
tiao
abrazar
yong bao
reír
xiao
caminar
zou lu
cantar
chang
soñar
zuo meng
rezar
qi dao
besar
qin wen

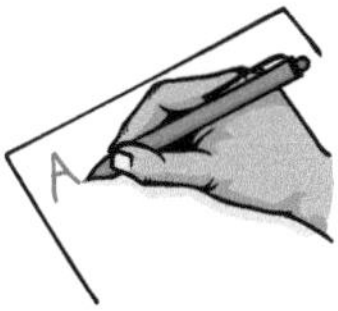

escribir
shu xie

dibujar
hua

mostrar
zhan shi

presionar
tui

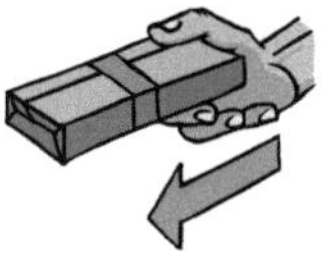

dar
gei

tomar
na

tener

you

hacer

zuo

ser

dang

estar parado

zhan

correr

pao

tirar

la

tirar

reng

caer

shuai dao

estar acostado

tang

esperar

deng dai

llevar

xie dai

estar sentado

zuo

vestirse

chuan yi

dormir

shui jiao

despertar

xing lai

mirar

kan

llorar

ku

acariciar

fu mo

peinar

shu tou

hablar

jiao tan

entender

ming bai

preguntar

wen

escuchar

ting

beber

he

comer

chi

ordenar

qing li

amar

ai

cocinar

zuo fan

manejar

kai che

volar

fei

navegar

hang xing

calcular

ji suan

leer

du

aprender

xue xi

trabajar

gong zuo

casarse

jie hun

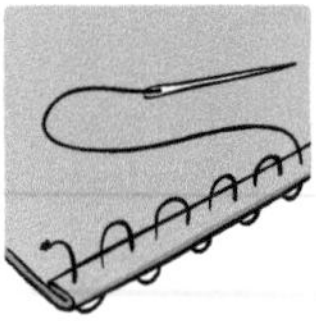

coser

feng

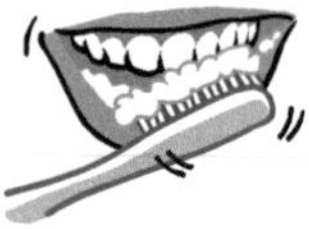

cepillarse los dientes

shua ya

matar

sha

fumar

chou yan

enviar

ji

abuela
zu mu
abuelo
zu fu
padre
fu qin
madre
mu qin
bebé
ying tong
hija
nü er
hijo
er zi

invitado
ke ren

tía
a yi

tío
shu shu

hermano
xiong di

hermana
jie mei

cuerpo

shen ti

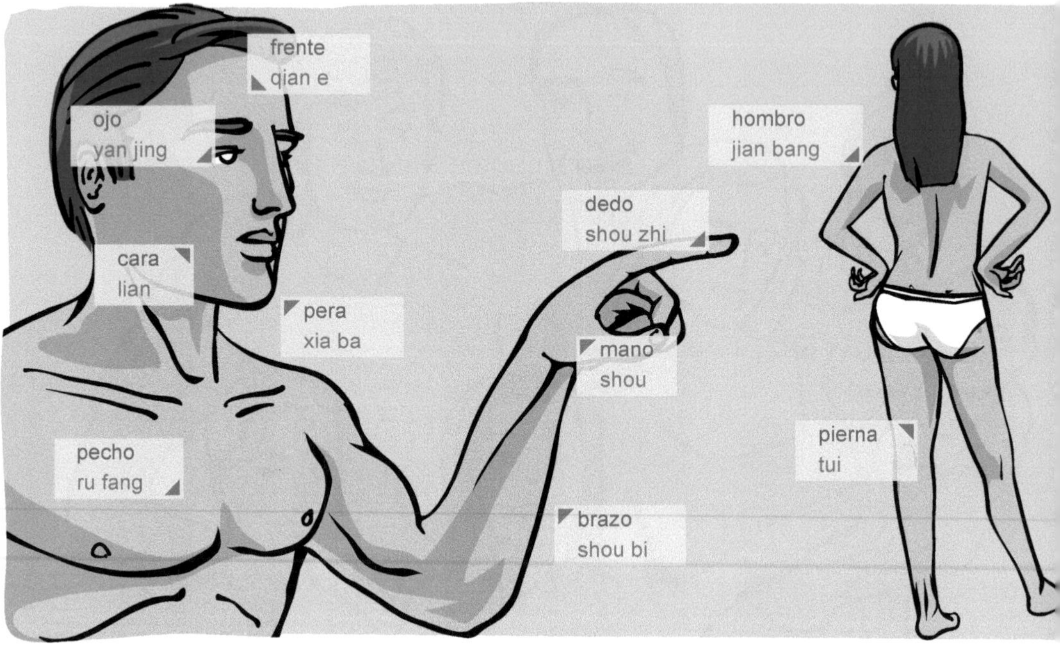

frente
qian e
ojo
yan jing
hombro
jian bang
dedo
shou zhi
cara
lian
pera
xia ba
mano
shou
pierna
tui
pecho
ru fang
brazo
shou bi

bebé

ying tong

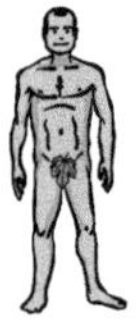

hombre

nan ren

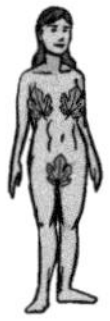

mujer

nü ren

nena

nü hai

nene

nan hai

cabeza

tou

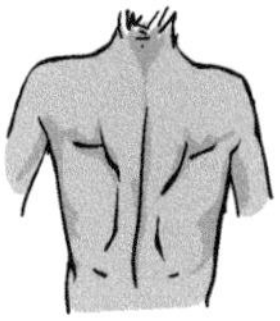

espalda

bei bu

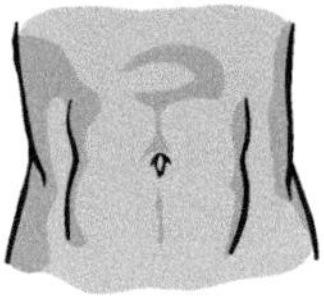

panza

du zi

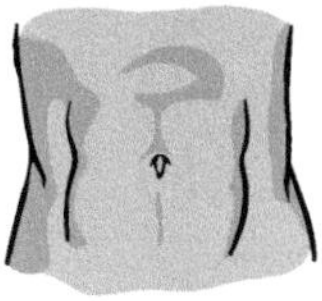

ombligo

du qi

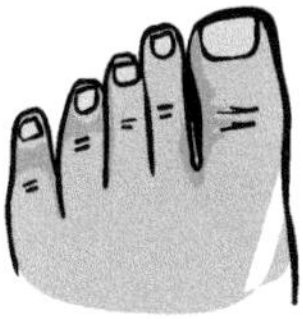

dedo del pie

jiao zhi

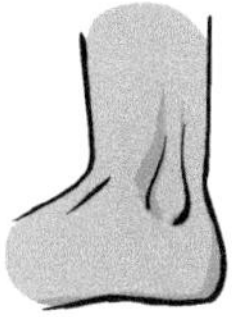

talón

jiao hou gen

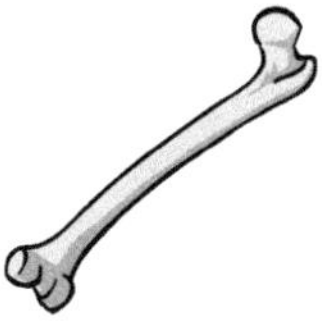

hueso

gu tou

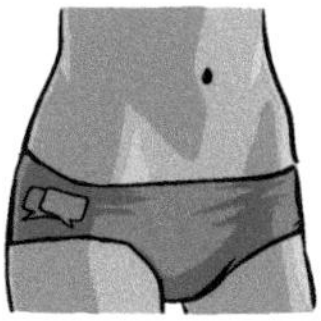

cadera

tun bu

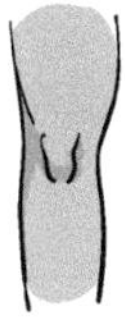

rodilla

xi gai

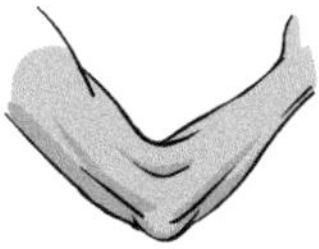

codo

shou zhou

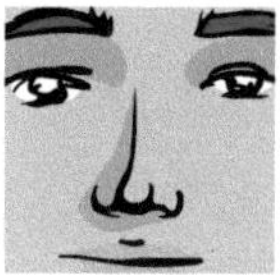

nariz

bi zi

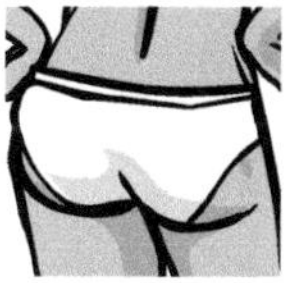

cola

pi gu

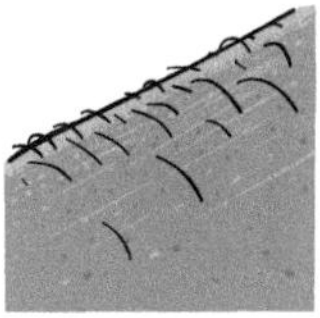

piel

pi fu

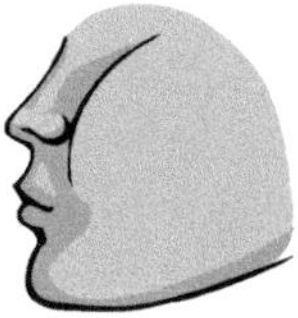

cachete

lian jia

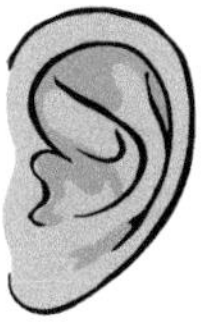

oreja

er duo

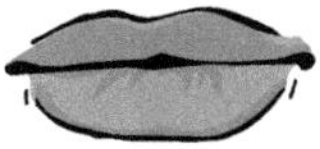

labio

zui chun

boca

zui

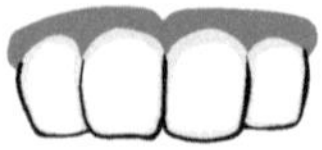

diente

ya chi

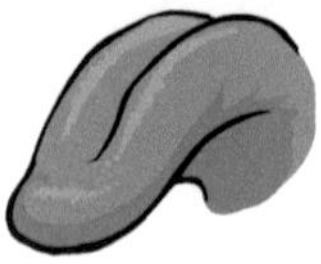

lengua

she tou

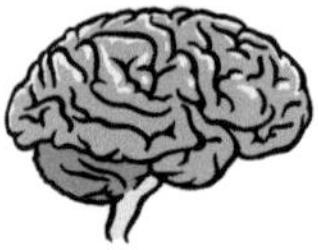

cerebro

nao

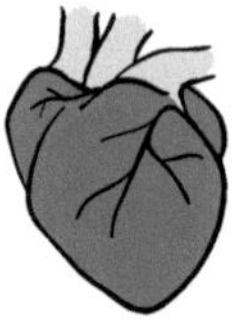

corazón

xin zang

músculo

ji rou

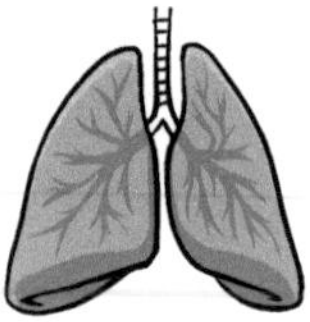

pulmón

fei

hígado

gan zang

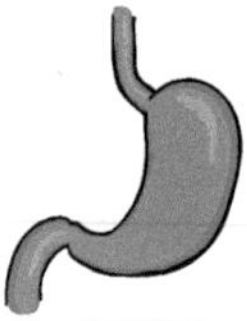

estómago

wei

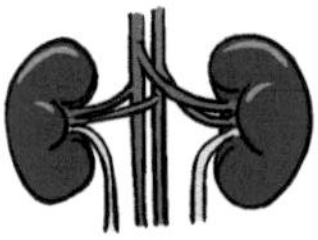

riñones

shen zang

sexo

xing jiao

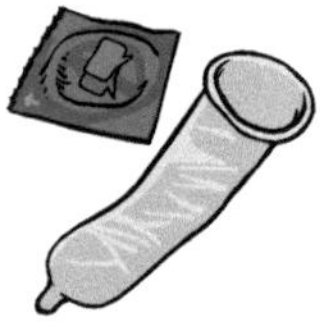

preservativo

bi yun tao

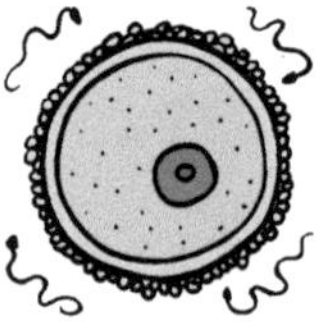

óvulo

luan zi

semen

jing zi

embarazo

huai yun

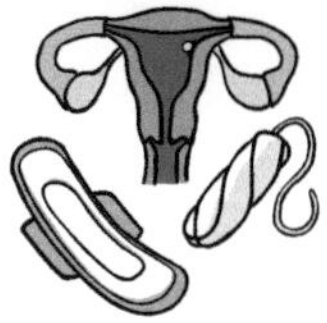

menstruación

yue jing

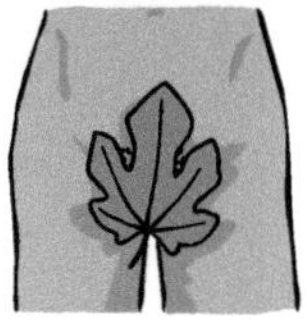

vagina

yin dao

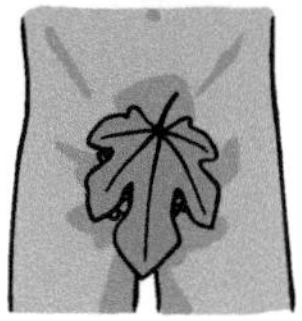

pene

yin jing

ceja

mei mao

pelo

tou fa

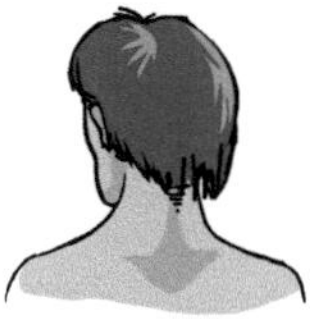

cuello

bo zi

hospital

yi yuan

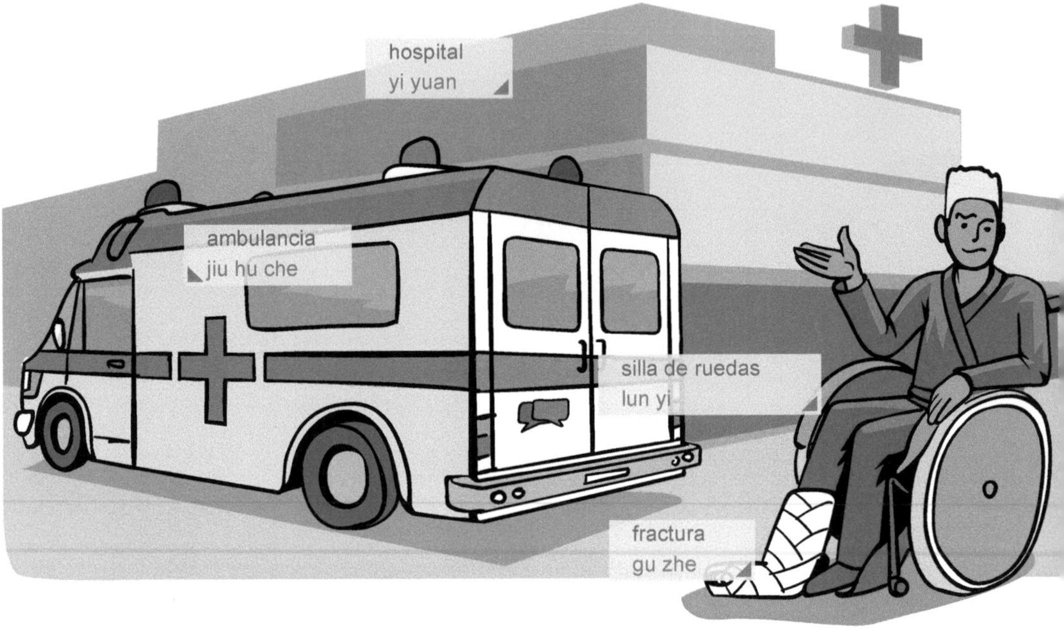

hospital
yi yuan
ambulancia
jiu hu che
silla de ruedas
lun yi
fractura
gu zhe

médico

yi sheng

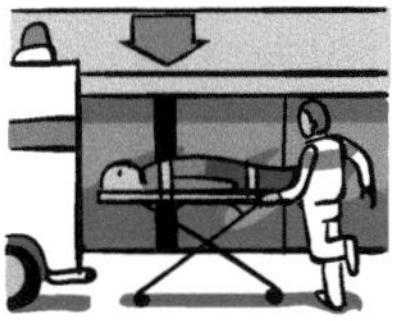

sala de guardia

ji zhen shi

enfermera

hu shi

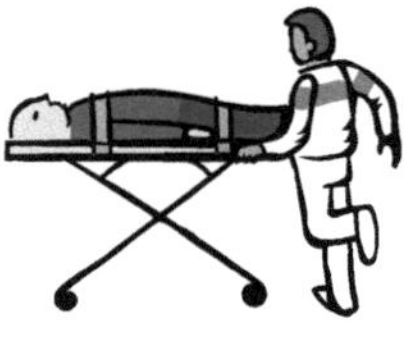

emergencia

jin ji qing kuang

inconsciente

hun mi

dolor

tong

lesión

shou shang

hemorragia

chu xue

infarto

xin zang bing fa zuo

ACV

zhong feng

alergia

guo min

tos

ke sou

fiebre

fa shao

gripe

liu gan

diarrea

fu xie

dolor de cabeza

tou tong

cáncer

ai zheng

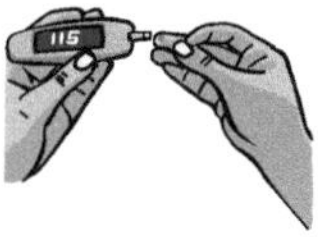

diabetes

tang niao bing

cirujano

wai ke yi sheng

bisturí

shou shu dao

operación

shou shu

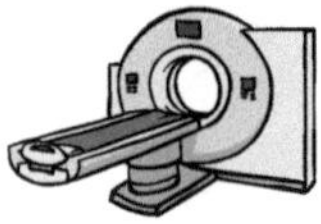

TC

CT

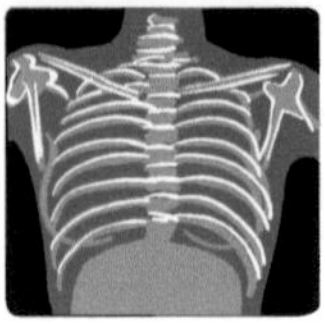

rayos x

X guang

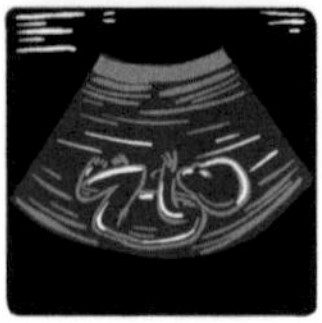

ecografía

chao sheng bo

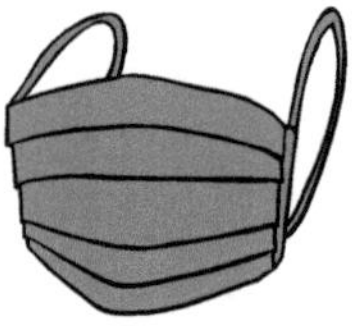

barbijo

kou zhao

enfermedad

ji bing

sala de espera

hou zhen shi

muleta

guai zhang

curita

shi gao

venda

beng dai

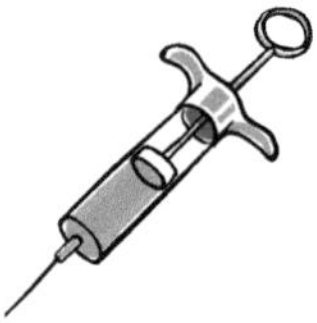

inyección

zhu she

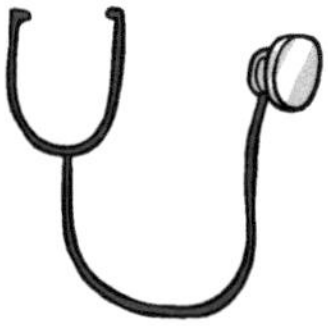

estetoscopio

ting zhen qi

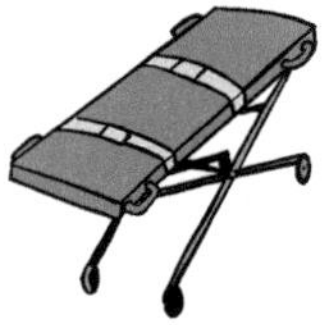

camilla

dan jia

termómetro

ti wen ji

nacimiento

chu sheng

sobrepeso

chao zhong

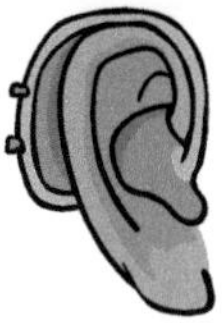

audífono

zhu ting qi

desinfectante

xiao du ye

infección

gan ran

virus

bing du

VIH / SIDA

ai zi bing

remedio

yao wu

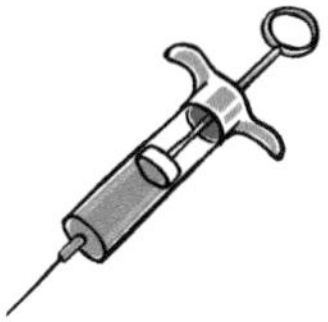

vacunación

jie zhong yi miao

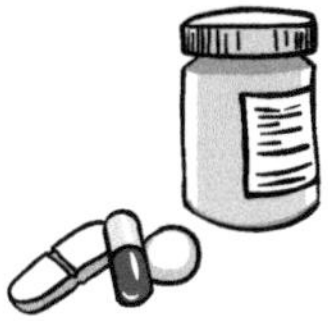

comprimidos

yao pian

pastilla anticonceptiva

yao wan

llamada de emergencia

ji jiu dian hua

tensiómetro

xue ya ji

enfermo / sano

sheng bing/jian kang

emergencia

jin ji qing kuang

¡Ayuda!

jiu ming!

alarma

jing bao

agresión

tu ji

ataque

gong ji

peligro

wei xian

salida de emergencia

jin ji chu kou

¡Fuego!

zhao huo la!

matafuego

mie huo qi

accidente

yi wai

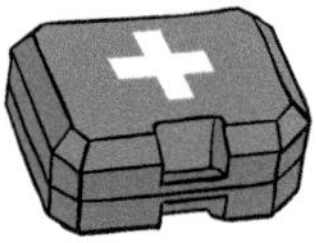

botiquín de primeros auxilios

ji jiu xiang

SOS

hu jiu xin hao

policía

jing cha

Tierra
di qiu

Europa

ou zhou

América del Norte

bei mei zhou

América del Sur

nan mei zhou

África

fei zhou

Asia

ya zhou

Australia

ao zhou

Atlántico

da xi yang

Pacífico

tai ping yang

Océano Índico

yin du yang

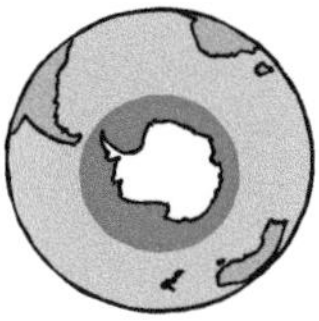

Océano Antártico

nan bing yang

Océano Ártico

bei bing yang

polo norte

bei ji

polo sur

nan ji

Antártida

nan ji zhou

Tierra

di qiu

tierra

lu di

mar

hai

isla

dao

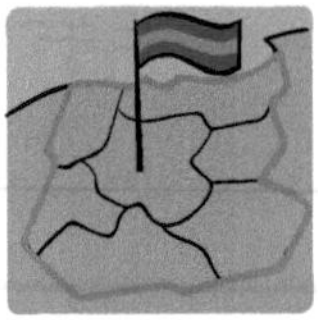

nación

guo jia

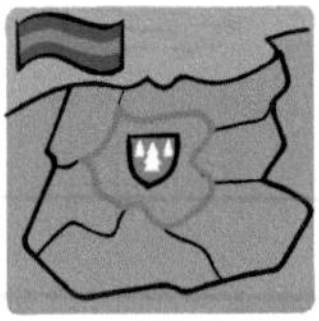

estado

guo jia

reloj
zhong biao

esfera

zhong mian

manecilla de las horas

shi zhen

minutero

fen zhen

segundero

miao zhen

¿Qué hora es?

xian zai ji dian?

día

tian

hora

shi jian

ahora

xian zai

reloj digital

dian zi biao

minuto

fen

hora

shi

semana

zhou

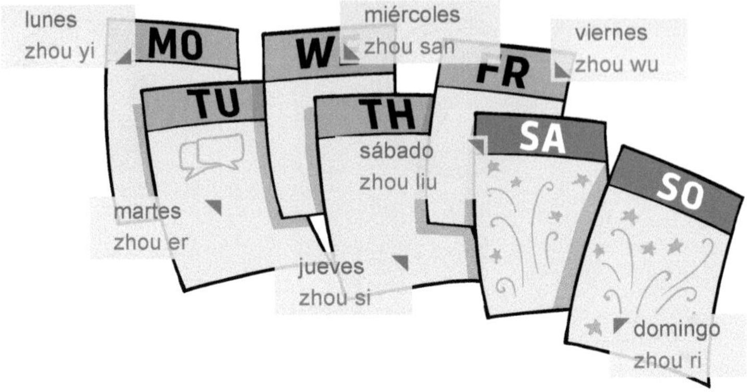
lunes
zhou yi
MO
martes
zhou er
TU
miércoles
zhou san
W
jueves
zhou si
TH
viernes
zhou wu
FR
sábado
zhou liu
SA
domingo
zhou ri
SO

TUE
MON
1

ayer

zuo tian

TUE
2

hoy

jin tian

TUE
3

mañana

ming tian

mañana

zao chen

mediodía

zhong wu

tarde

wan shang

MO TU WE TH FR SA SU

días hábiles

gong zuo ri

MO TU WE TH FR SA SU

fin de semana

zhou mo

año
nian

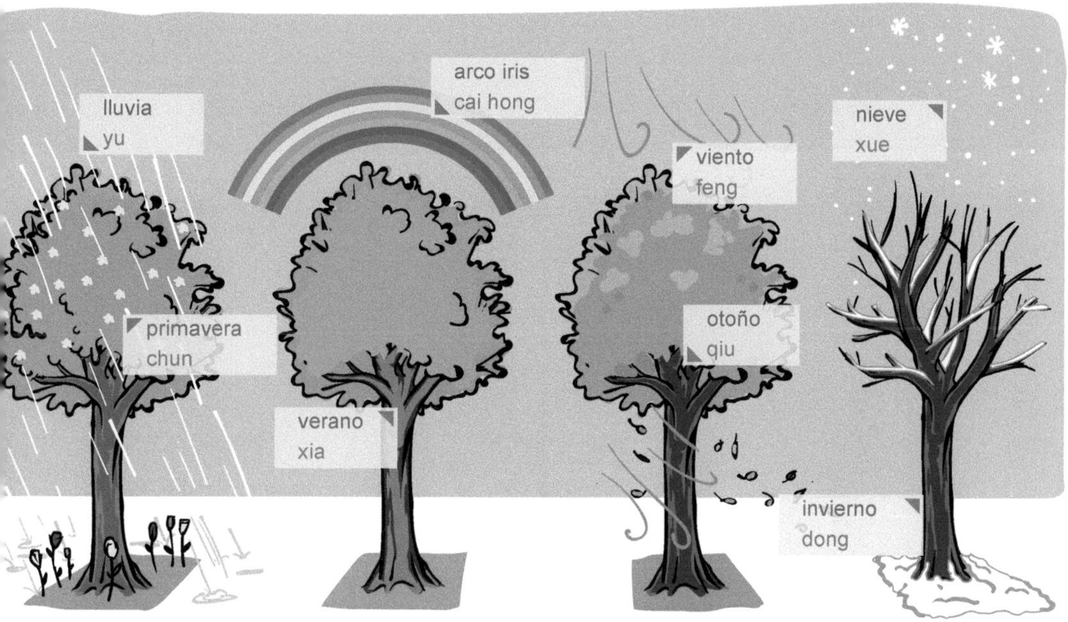

lluvia
yu
arco iris
cai hong
viento
feng
nieve
xue
primavera
chun
verano
xia
otoño
qiu
invierno
dong

4.APRIL 11°
5.APRIL 4°
6.APRIL 13°
7.APRIL 8°
8.APRIL 10°

pronóstico meteorológico

tian qi yu bao

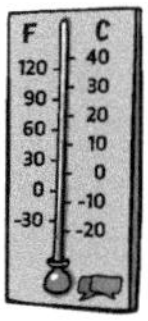

F
C
120 90 60 30 0 -30
40 30 20 10 0 -10 -20

termómetro

wen du ji

luz del sol

yang guang

nube

yun

niebla

wu

humedad

chao shi

rayo

shan dian

trueno

da lei

tormenta

feng bao

granizo

bing bao

monzón

ji feng

inundación

hong shui

hielo

bing

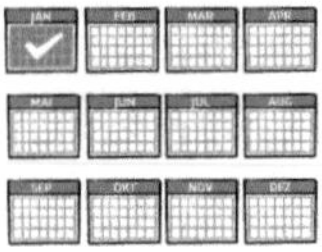

enero

yi yue

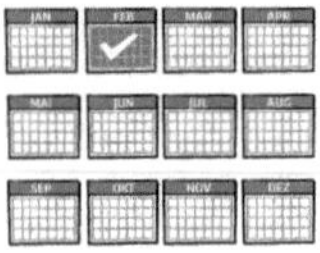

febrero

er yue

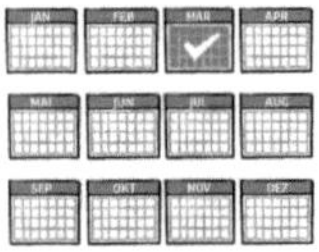

marzo

san yue

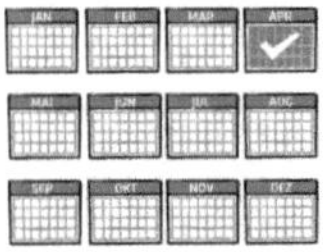

abril

si yue

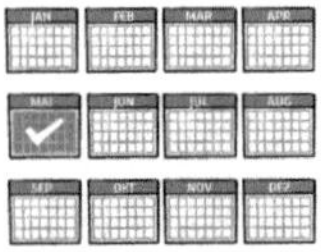

mayo

wu yue

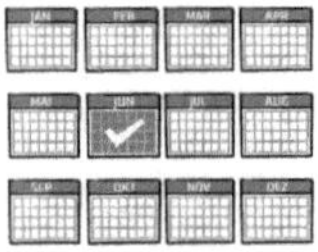

junio

liu yue

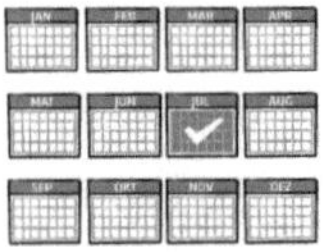

julio

qi yue

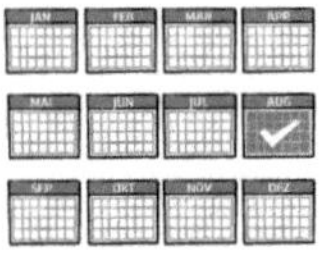

agosto

ba yue

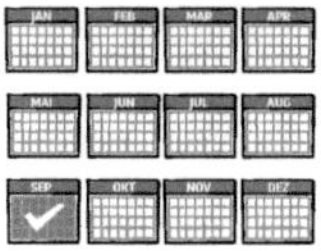

septiembre

jiu yue

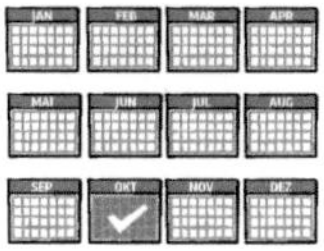

octubre

shi yue

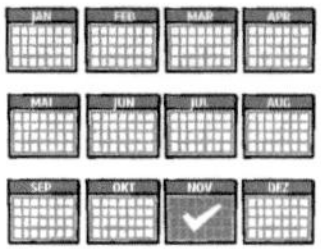

noviembre

shi yi yue

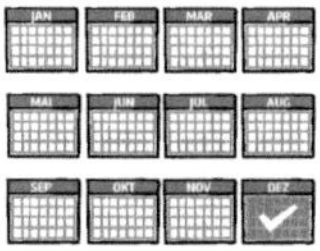

diciembre

shi er yue

formas

xing zhuang

círculo

yuan xing

cuadrado

zheng fang xing

rectángulo

chang fang xing

triángulo

san jiao xing

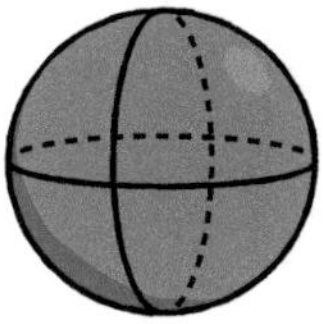

esfera

qiu ti

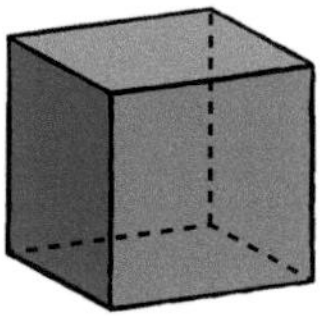

cubo

li fang ti

colores

yan se

blanco

bai

amarillo

huang

naranja

cheng

rosa

fen

rojo

hong

violeta

zi

azul

lan

verde

lü

marrón

zong

gris

hui

negro

hei

opuestos
fan yi ci

mucho / poco

hen duo/shao xu

enojado / tranquilo

sheng qi/ping jing

lindo / feo

mei/chou

principio / fin

shou/wei

grande / chico

da/xiao

claro / oscuro

ming/an

hermano / hermana

xiong di/jie mei

limpio / sucio

gan jing/ang zang

completo / incompleto

wan zheng/que shi

día / noche

bai tian/wan shang

muerto / vivo

si/sheng

ancho / angosto

kuan/zhai

comestible / no comestible

ke shi yong/fei shi yong

malo / amable

xie e/shan liang

entusiasmado / aburrido

xing fen/wu liao

gordo / flaco

pang/shou

primero / último

di yi/zui hou

amigo / enemigo

peng you/di ren

lleno / vacío

man/kong

duro / blando

ying/ruan

pesado / liviano

zhong/qing

hambre / sed

e/ke

enfermo / sano

sheng bing/jian kang

ilegal / legal

fei fa/he fa

inteligente / estúpido

cong ming/yu ben

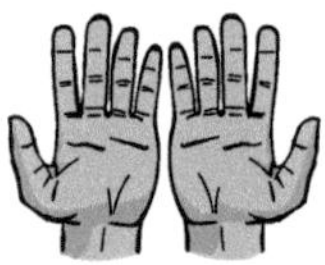

izquierda / derecha

zuo/you

cerca / lejos

jin/yuan

nuevo / usado

xin/jiu

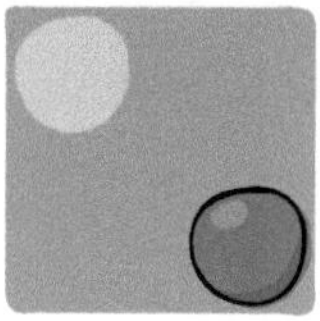

nada / algo

mei you/you xie

viejo / joven

lao/you

encendido / apagado

kai/guan

abierto / cerrado

da kai/he shang

silencioso / ruidoso

an jing/chao nao

rico / pobre

fu/qiong

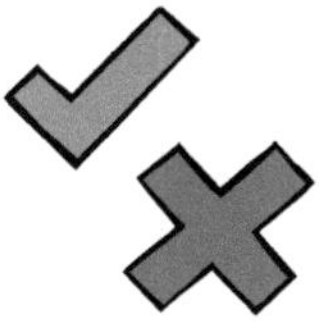

correcto / incorrecto

dui/cuo

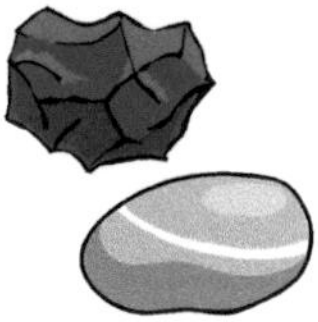

áspero / suave

cu cao/guang hua

triste / contento

shang xin/gao xing

corto / largo

duan/chang

lento / rápido

man/kuai

mojado / seco

shi/gan

caliente / frío

wen nuan/liang shuang

guerra / paz

zhan zheng/he ping

números
shu zi

0	**1**	**2**
cero	uno	dos
ling	yi	er
3	**4**	**5**
tres	cuatro	cinco
san	si	wu
6	**7**	**8**
seis	siete	ocho
liu	qi	ba
9	**10**	**11**
nueve	diez	once
jiu	shi	shi yi

12

doce

shi er

13

trece

shi san

14

catorce

shi si

15

quince

shi wu

16

dieciséis

shi liu

17

diecisiete

shi qi

18

dieciocho

shi ba

19

diecinueve

shi jiu

20

veinte

er shi

100

cien

bai

1.000

mil

qian

1.000.000

millón

bai wan

idiomas
yu yan

inglés

ying yu

inglés americano

mei shi ying yu

chino mandarín

pu tong hua

hindi

yin di yu

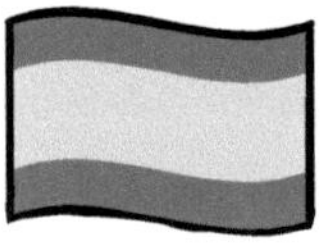

español

xi ban ya yu

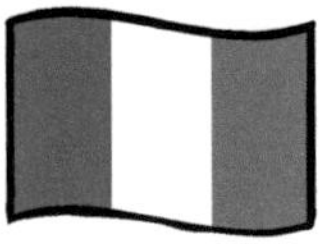

francés

fa yu

árabe

a la bo yu

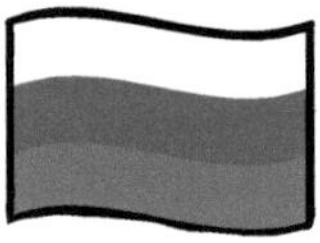

ruso

e yu

portugués

pu tao ya yu

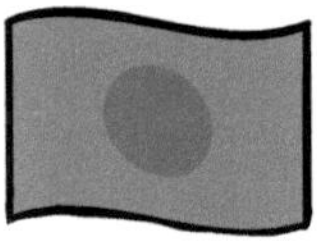

bengalí

feng jia la yu

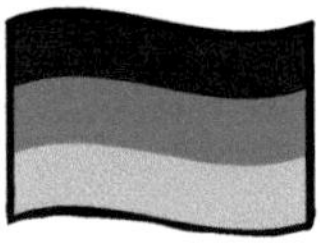

alemán

de yu

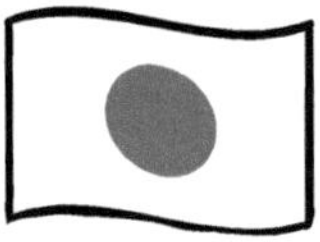

japonés

ri yu

quién / qué / cómo
shei / shen me / zen yang

yo

wo

vos

ni

él / ella

ta/ta/ta

nosotros

wo men

ustedes

ni men

ellos

ta men

¿quién?

shei?

¿qué?

shen me?

¿cómo?

zen yang?

¿dónde?

na li?

¿cuándo?

shen me shi hou?

nombre

ming zi

dónde
fang wei

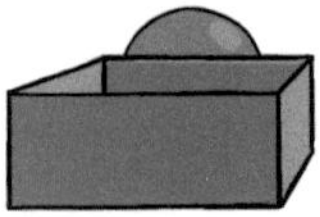

detrás

hou mian

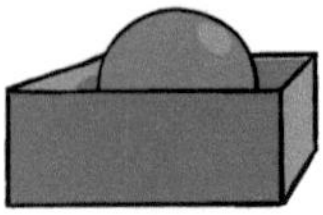

en

li mian

adelante de

qian mian

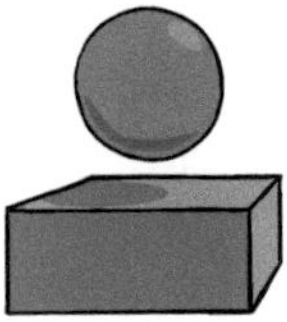

por encima de

shang fang

sobre

shang mian

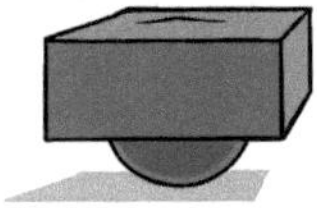

debajo de

xia mian

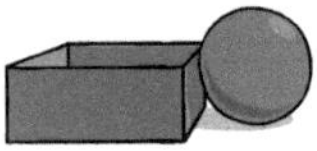

al lado de

pang bian

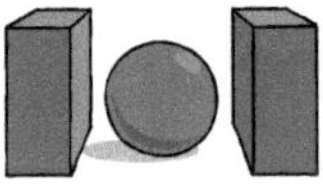

entre

zhong jian

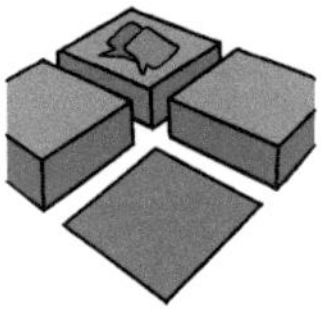

lugar

di dian